SDGsと学校教育

総合的な学習／探究の時間

—持続可能な未来の創造と探究—

小玉敏也・金馬国晴・岩本　泰　編著

学文社

執筆者

岩本　　泰	（東海大学）	序　章
降旗　信一	（東京農工大学）	第1章
金馬　国晴	（横浜国立大学）	第2章
小玉　敏也	（麻布大学）	第3章・第7章1節
内田　　隆	（東京薬科大学）	第3章コラム
木下　智実	（埼玉県所沢市立山口小学校）	第4章
松倉紗野香	（埼玉県立伊奈学園中学校）	第5章
建元　喜寿	（筑波大学附属坂戸高等学校）	第6章
鈴木　隆弘	（高千穂大学）	第7章2節
松葉口玲子	（横浜国立大学）	第7章3節
秦　さやか	（東京都杉並区立西田小学校）	第7章4節
河村　幸子	（了徳寺大学〈非常勤〉）	第8章

ごろから世界中で顕在化してきた環境保全か経済発展かといった対立が国際的な議論の中心になった。そこで，環境保全と経済発展を対立概念として考えるのではなく，両者をともに実現することをめざし，両立の象徴概念として「**持続可能な開発**」を実現しようという機運が，1980年代後半から高まった。1992年にブラジルのリオデジャネイロで開催された地球サミットの成果である『**アジェンダ21**』（国連事務局 1993：408）の「第36章　教育，意識啓発及び訓練の推進」の「A　持続可能な開発に向けての教育の再構成」において，教育の役割の重要性が共有されている。この流れは，環境，開発，国際理解，人権，平和など，それまで異なる経緯や目的で実施されてきた教育活動の連携や融合を促した。

2000年代に入り，その流れは加速し，2002年に南アフリカの**持続可能な開発に関する世界首脳会議**（**ヨハネスブルク・サミット**）で，「**ESDの10年**」キャンペーンが提起され，その年の国連総会で承認されたあと，2005～2014年の国連「ESDの10年」キャンペーンが実施された。キャンペーンの主導的な役割をユネスコが担い，最終年度である2014年には，ESDに関するユネスコ世界会議が日本で開催された(1)。これからの環境と開発のあり方，地球規模の諸課題解決，世界の平和を実現するといった内容の具体的な中身に変遷があったものの，教育を通して地域／社会／世界に変容をもたらすという理念のもと，教育実践をめざす意義は大きい。

EとSDをつなぐ前置詞“for”の重要性について確認したい。どのような教育実践でも「教育を通して子どもたちにどんな力を獲得してほしいか」といった「ねらい」を定める。“for”には，目的や方向性を指し示す＜～のため＞＜～に向けての＞といった意味をもつため，“for”に続く概念が教育のねらいと直結する。すなわち，「SD：持続可能な開発を実現することをめざすE：教育」ということが本質にある。しかしながら，SD：持続可能な開発はどうあるべきか，共通の決まった概念が定まっているわけではない。それゆえ，教育関係者において，ESDはわかりにくい，むずかしいと吐露されてしまうことも多い。また，どんな単位（地域／社会／世界）でSD：持続可能な開発を議論するかによっても，その内容やめざすべき方向性が異なる。だからこそ，SD：持続可能な開発の本質や道筋を「問う」ことが重要な教育活動となり，過去をふりかえり，現在を見通し，未来を描く学びづくりが重要となる。ここでは「問う」ための考え方を確認し共通理解することをめざし，国際的な議論の場においてSD：**持続可能な開発**を達成するための共通目標がどのように定められてきたか確認する。

（2）MDGsからSDGsへ

20世紀の終わりが近づくなかで，環境や開発，人権や貧困といった横断的な問題が世界共通の目標として共有され，その成果として**MDGs**（Millennium Development Goals：**ミレニアム開発目標**）が合意された。MDGsは，2000年に開催された国連ミレニアム・サミットで採択された**国連ミレニアム宣言**をもとにまとめられたものである。この目標においては，極度の貧困と飢餓の撲滅など，達成すべき８つの目標を掲げ，達成期限となる2015年までに一定の成果をあげた。

その一方，達成できなかった目標や新たな問題も浮き彫りになった(2)。たとえば，目標１「極度の貧困と飢餓の撲滅」においては，およそ12億の人々が極度の貧困のもとに生活しつづけており，2015年の時点で９億7000万人の人々が１日当たり1.25ドル以下の生活をしていると推計されている。目標７「環境の持続可能性の確保」においては，農村地帯の貧しい人々の安全な水へのアクセス問題は依然として深刻で，安全な飲料水にアクセスできない人々の83%は農村地帯に住んでいる。また，開発途上世界のスラム居住者の数は増えつづけており，**スラム**で生活する人の数は，1990年の６億5000万人に比べ，2012年には８億6300万人となった。こうした**持続不可能な開発**の現状は，引き続き，国際社会がこうした目標達成に取り組む必要性を明らかにし，そのうえでさまざまな関係者が参加して，目標内容について精査が行われた。

MDGs達成年度の節目の年，MDGsの後継として2015年９月に国連本部において，「**国連持続可能な開発サミット**」が開催され，150を超える加盟国首脳の参加のもと，その成果文書として，「我々の世界を変革する：**持続可能な開発のための2030アジェンダ**」）が採択された。この成果文書に記載された2030年までに持続可能でよりよい世界をめざす国際目標が，**SDGs**（Sustainable Development Goals：**持続可能な開発目標**）である。17のゴール（目標）と169のターゲット（小項目）から構成され，地球上の「**誰一人取り残さない**（leave no one behind）」ことを共通の理念としている。MDGsとの対比で考えると，特筆すべき点としてSDGsは，途上国のみならず，先進国自身も取り組む**ユニバーサル**（**普遍的**）なものであり，日本でも現在さまざまな試みが取り組まれている。

（3）ESDとSDGs

ESDを実践する立場でSDGsを概観すると，従来から指摘されていたSD：持続可能な開発のわかりにくさ，抽象性に対して，達成すべき17の目標・169のターゲットという1つの具体的示唆が示されたと考えられる。いっぽうで，SDGsを丁寧に読み解くと，これまで共有されてきたESDの理念と一致しない部分も含まれている。たとえば目標10「人や国の不平等をなくそう」では，国という単位での不平等是正に焦点化されている。これは，国連を中心とした国際協調の理念が反映されたものである。しかしながら，たとえば歴史的・文化的・宗教的に迫害されてきた「ロヒンギャ難民」や「新疆（しんきょう）ウイグル自治区」のように，国という単位でくくれないコミュニティや人々も世界には多数存在している。すなわち，SDGsを無批判に受け入れるのではなく，目標の内容や目標達成へのプロセス，国連の役割などについて「**批判的思考**」で「問う」ことが重要になってくる。

そのうえで，ESDの理念を確認する。たとえば，文部科学省のウェブサイトでは，ESDについて「持続可能な社会づくりの担い手を育む教育」と定義づけている(3)。背景として，世界には環境，貧困，人権，平和，開発といったさまざまな問題に直面していることを掲げ，ESDにより，これらの現代社会の課題を自らの問題としてとらえ，身近なところから取り組む（think globally, act locally）こと，それらの課題の解決につながる新たな価値観や行動を生み出すこと，そしてそれによって持続可能な社会を創造していくことをめざす学習や活動であると説明している。

またESDの実施には，とくに次の2つの観点が必要であることを示している。

> ○**人格の発達**や，自律心，判断力，責任感などの**人間性**を育むこと
> ○他人との関係性，社会との関係性，自然環境との関係性を認識し，「**関わり**」「**つながり**」を尊重できる個人を育むこと

こうした教育の実践においては，環境，平和や人権などのESDの対象となるさまざまな課題への取り組みをベースにしつつ，関連するさまざまな分野を「持続可能な社会の構築」の観点からつなげ，環境，経済，社会，文化の各側面から学際的かつ総合的に取り組むこと（横断）が重要であるとして，以下のような図0－2を示して論じられている。

図0－2の中心にあるESDの基本的な考え方において，「環境，経済，社会の統合的な発展」をめざすことが示されているが，その3つの分野ごとにSDGsを整理したのが，図0－1である。SDGsの関連書籍によって，その分類の仕方は異なるものが散見されるが，17の目標の全体を把握するために，1つ

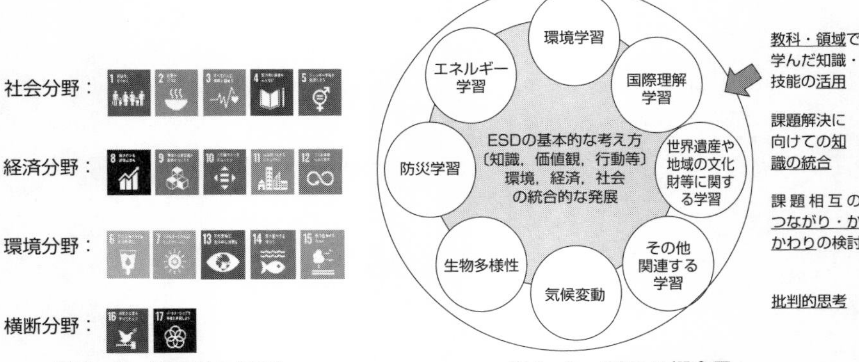

図0－1　分野別のSDGs
出所：国谷（2019）をもとに作成

図0－2　ESDの概念図
出所：文部科学省の図をもとに加筆して作成

の参考になる。「誰一人取り残さない」持続可能な社会の構築に向けて，**環境保護**，経済成長，**社会的包摂**という３分野と平和やパートナーシップといった複合分野，そして格差や貧困問題を解決するための最重要目標である目標１の達成に向けて，教科・領域の学習活動で得た知識を活用し，課題の相互関連性や批判的思考により，教育実践することが重要となる。

第２節　「持続可能な社会の創り手／担い手」を育む教育の重要性

ところで，2017年版学習指導要領では，小・中・高校すべてに前文がつけられている。そのなかで，たとえば中学校学習指導要領では，以下のように記述されている。

> これからの学校には，こうした教育の目的及び目標の達成を目指しつつ，一人一人の生徒が，自分のよさや可能性を認識するとともに，あらゆる他者を価値のある存在として尊重し，多様な人々と協働しながら様々な社会的変化を乗り越え，豊かな人生を切り拓き，**持続可能な社会の創り手となることができるようにすること**が求められる。
>
> （太字は筆者）

これは，ESD のような教育活動が，これからのすべての学校で実践されることの重要性を示している。そして，「総合」は，既存の教科学習で獲得した知識・技能を，これからの持続可能な社会づくりに活用するための，学校教育の根幹として機能することが期待されているといえる。とりわけ，SDGs と関連づけることで，学習活動を通して地域／社会に貢献する，という学びの意義が増し，学校という閉じられた世界の教科領域を超えて，学習内容と社会や世界とのつながりを考えるためにも重要である。ただし，図０-２の中心に示されているように，「知識，価値観，行動等」といった３つの観点を教育としてどのように位置づけるのか，丁寧に省察することにより，カリキュラムデザインすることが教員等に求められる。そこで本節では，以下３つの観点についての考え方を確認する。

（1）SDGs を支える要素

教育の内容としてSDGsを考える際に，17の目標の前に，基本的な考え方を支える5つの要素が示されている（図0－3）。それは，人間，豊かさ，地球，平和，パートナーシップという重要な理念であり，今後「総合」という時間的枠組みにより教育内容にSDGsを位置づけ，ESDとして教育実践するための基本的な考え方を形成していると考えてほしい。

この5つの要素（5P）を「総合」における教育内容として取り上げる際には，誰が・どこで・どんな理由でといった「問い」をもつことが重要である。いっぽうで，問いの答えを探すことは容易ではなく，学校教育のように決められた時間のなかで十分な解決策を見つけられるとは限らない。しかしながら，答えを探すためにさまざまな資料を分析したり比較したりすること，多様な立場の人に質問したり対話を重ねること，考えたことをまとめて発表することといったプロセスは，答えを見つけだすことと同等に教育的意義や価値がある。SDGsは，目標の内容を知識として知ることや部分的に理解することに，教育の本質があるわけでない。真の探究的学習活動のために，子どもたちの発達状況を考慮して適切に噛み砕いたり改変したりすることで，上述のような学習活動に参加するすべての人が「問い」をつかめるように工夫してほしい。

人間（People）：あらゆる形態と次元の貧困と飢餓に終止符を打つとともに，すべての人間が尊厳を持ち，平等に，かつ健全な環境の下でその潜在能力を発揮できるようにする➡目標 1・2・3・4・5・6

豊かさ（Prosperity）：すべての人間が豊かで充実した生活を送れるようにするとともに，自然と調和した経済，社会および技術の進展を確保する➡目標 7・8・9・10・11

地球（Planet）：持続可能な消費と生産，天然資源の持続可能な管理，気候変動への緊急な対応などを通じ，地球を劣化から守ることにより，現在と将来の世代のニーズを充足できるようにする➡目標 12・13・14・15

平和（Peace）：恐怖と暴力のない平和で公正かつ包摂的な社会を育てる。平和なくして持続可能な開発は達成できず，持続可能な開発なくして平和は実現しないため➡目標 16

パートナーシップ（Partnership）：グローバルな連帯の精神に基づき，最貧層と最弱者層のニーズを特に重視しながら，すべての国，すべてのステークホルダー，すべての人々の参加により，持続可能な開発に向けたグローバル・パートナーシップをさらに活性化し，このアジェンダの実施に必要な手段を動員する➡目標 17

図0－3　SDGsを支える5つの要素（5P）と関連が深い目標

出所：国連広報センター『SDGsを広めたい・教えたい方のための「虎の巻」』より作成

（2）自己肯定感や自己実現を育む教育の重要性

教育心理学においては，**自己肯定感**を高めたり，**自己実現**を育んだりする教育の意義について論じられてきた。たとえば，細田・田嶌（2009）は，自己肯定感について，「自らの潜在的能力を信じ，よいもだめも含めて自分は自分であって大丈夫という感覚」と定義している。すなわち，自分の能力について客観的に自覚して受け入れ，自己の価値を認識して自らの存在を肯定する心の動きを示す。また森（2016）は，人間にとって学習の本来の目的は，自己実現をめざして自己を成長させることにほかならないが，従来の教科教育では，そうした学習の目的や価値が問われることはあまりなかったと問題提起している。そのため学校時代に学習の目的や価値を見いだすことができない子どもたちは，学校を卒業すれば学習するのを止めてしまう現状にあり，生涯にわたって学習しつづけるsustainable「持続可能」な学力を育成することはできないだろうと警鐘を鳴らしている。

既存の教科教育においては，知識の獲得や学びの目的を考える機会が重視されてこなかったといった教育課題があることは，これからの「総合」を考えるうえで重要なポイントである。それゆえ，国際的な目標達成について自分が参加している，ということを子どもたち一人ひとりに強調し，学びを通して課題解決に参加しているということを自覚できるように工夫することが重要である。そのためには，自分がこれまでどのような学びをしてきたのかふりかえり，自分にはどのような能力があるのか見極め，どのようなことが行動できるか具体的に考えることが重要である。もちろん，自己肯定感ばかりが強すぎて，ほかの人と協力できない，他者を見下すようなことばかりでは他者と対立を繰り返してしまう。そのため，人は皆異なる知恵や経験を有していることを前提としてお互いを尊重しあい，能力を結集したり，時として誰かの力を借りたりして，自分が地域や社会を担う主体であるということが自覚できるような学習を構想することが求められる。そして，「あなたが行動を起こせば社会は変わる，あなたには社会を変える力がある」といった社会に対して働きかける主体としての効力感，**内的統制感**（internal locus of control）を高めるような子どもたちへの励ましが，自己肯定感を高めたり子どもたちの自己実現を育んだりする教育につながるのである（たとえば，中間（2013）を参照）。

（3）グローバリゼーションを批判的に読み解く

世界のグローバル化の潮流は，人・モノ・お金・情報が国境を越えて移動する。とくに，日本はこれまで経験したことのないレベルの少子高齢，人口減少社会に直面している。子どもたちの生活世界である学校でも，多様なルーツをもった子どもたちの学習支援が喫緊の課題になりつつある。よって，**多文化共生**のための学びも，重要な教育実践になってきている。学校は，小さな社会の縮図でもあり，「**マイノリティ**の人たちの気持ちに寄り添う」「いじめをしない」といった**包摂性**（**インクルーシブ**：inclusive）を教育実践に反映させることも重要なポイントでもある。

とくに，子どもの発達状況によっては，日常生活の行動範囲と相関し，世界の問題を取り上げても，課題を実感できなかったり，自分とのつながりが理解できなかったりするなど，「**自分ごと**」として問題を把握することができないことも起こりうる。足元の生活世界，地域を掘り下げ，世界とのつながりを考えることから，公正な社会を実現することが，持続可能な社会の創造へのプロセスとして重要である。一人ひとりの子どもたちが担い手となって，持続可能な社会の担い手として成長することを願いつつ，そもそもSDGsは「誰のため」「何のため」に必要なのかを問い，学びのプロセスを問うことも，育成のポイントである。思慮深く立ち止まって考え，丁寧に分析したり比較したりするような思考が，**批判的思考**の本質にある。

第3節　ESDにおける総合的な学習／探究の位置づけ

すでに論じてきたように，ESDは「持続可能な社会づくりの担い手を育む教育」として位置づけられている。そして，小・中・高校のすべての学習指導要領の前文に，「持続可能な社会の創り手となることができるようにすること」が求められている。すなわち，ESDはこれからの学校教育において，等しくすべての学校で実践されることが期待されるという点で教育的意義が大きい。そして，ESDにおける「SD：持続可能な開発」を教育の内容としてどのようにとらえるか考える際に，SDGsの17の目標と169のターゲットが１つの重要な素材として機能する役割を有することを論じてきた。

そのうえで，2017年版学習指導要領の改訂に合わせて示された教員養成における指針として『**教職課程コアカリキュラム**』が示され，「総合的な学習の時間」についても記述がある。本節では，とくにそこに示された全体目標の内容を中心に，ESDによって実践する位置づけを考えるきっかけとすることをめざす。

（１）自己の生き方を考える

全体目標の１つとして，「総合的な学習の時間は，探究的な見方・考え方を働かせ，横断的・総合的な学習を行うことを通して，よりよく課題を解決し，自己の生き方を考えていくための資質・能力の育成を目指す」と示されている。これは，学習指導要領全体において「学びに向かう力，人間性」を育む，「**生き方教育**」として機能することが期待されている。とくにSDGsを教育の内容として取り上げることで，私たちの社会で取り残されている人は誰なのか，誰のために，何のために目標を達成する必要があるのか探究し，自分の地域や社会での役割を自覚することができるような教育実践が期待される。そのために，取り残されている人に寄り添い，困っている人の気持ちを想像し，課題解決に向けて主体的に参加・行動することに喜びを感じられるような配慮が必要である。こうした喜びが，自己肯定感や自己実現を高める結果に至り，自らのこれからの生き方を考えるきっかけとなる。

（２）実社会・実生活の課題を探究する

上述の生き方を考えることに加えて，「各教科等で育まれる見方・考え方を総合的に活用して，広範な事象を多様な角度から俯瞰して捉え，実社会・実生活の課題を探究する学びを実現するために，指導計画の作成および具体的な指導の仕方，並びに学習活動の評価に関する知識・技能を身に付ける」と示されている。これは，教科学習などで学んだことが，「総合」において課題解決学習として実践されることで，総合的に活用されることを期待している。これらは，決まった答えの暗記力や，相手の顔色をうかがって推し量る（忖度（そんたく）する）だけの能力育成だけでは深い学びにつながらないことを意味する。また，偏った見方や考え方ではなく，多様な視点から全体を見通し，多様な文化的・宗教的・歴史的背景をもった人々を理解しともに生きる（共生）ことができるような学びづくりが求められている。こうした観点で，教育にたずさわる者がバランス感覚のある学びの先導者として機能することが必須となる。そのうえで，子どもたちの学びのプロセスを，多様な価値観をもった人が評価に参加する機会を創出し，対話を通して互いに成長しあえるような双方向性の評価方法を考える力も求められる。そうでなければ，一面的な評価しかできず，子どもたちの真の能力や学びの結果を判断することができないだろう。

（３）ESD の価値観

さらに，ESD の基本的な考え方として，環境・経済・社会・文化などの統合的な発展をめざす知識，価値観，行動などが求められている。これらは，探究の質を担保するうえで礎（いしずえ）となる。いっぽうで，これらをどのように考えるのか，SDGs と関連づけて改めて確認したい。

SDGs の各目標において，その前史である MDGs から，最重要目標は目標１の貧困をなくすである。いっぽうで，学校教育で ESD を実践する認定校として「**ユネスコスクール**」がある（岩本　2019)。ユネスコスクールは，ユネスコ憲章の前文「戦争は人の心の中で生まれるものであるから，人の心の中に平和のとりでを築かなければならない」を教育によって実現しようとする基本理念がある。ユネスコスクールにおいては，ESD における教育の質をどのように担保し評価するか，教育課題となってきた。そこで，2019年にパリのユネスコ本部から，以下の「３つのテーマ別活動分野」が示された。

1．Global citizenship and culture of peace and non-violence
〈地球市民教育，平和と非暴力の文化〉
2．Sustainable development and sustainable lifestyle
〈持続可能な開発と持続可能なライフスタイル〉
3．Intercultural learning and appreciation of cultural diversity and heritage
〈異文化学習，文化多様性及び文化遺産の理解と尊重〉

（日本語訳は公益財団法人ユネスコ・アジア文化センター ACCU による）

これら３つの活動分野は，各学校の特色を考慮しつつも，教育内容としての必須分野としてすべて実践することが求められた。こうした方針は，従来の日本の「総合的な学習の時間」における学習活動において，国際理解，情報，環境，福祉，健康といったアプローチとは異なり，ユネスコによる ESD の「教育の再構成」となった。

いっぽうで，じつはこれら３つの活動分野の内容は，SDGs の目標４におけるターゲット4.7と一致する。国連機関の１つであるユネスコは，SDGs にこの内容を含めることに大きな影響力を行使した。この影響が，今回の ESD の「教育の再構成」の内実にあることを理解してほしい。また必須となった３つの活動分野は，従来から示されてきた ESD の基本的な考え方において，価値観に大きな関連性がある。すなわち，教育にたずさわる者の間で，この価値観が共有されていなければ，「総合」のカリキュラムデザインは，そもそも苦労することは明らかである。教員間で基本的価値が共有できなければ，日常の教科学習などにおける知識の活用は期待できないし，その先にある図０－４のようなほかの目標内容との関連で考える発展的な学習活動は望めないといっても過言ではないだろう。

図０－４　ターゲット4.7から考える SDGs

第4節　本書の概観

さて，2017年改訂の『中学校学習指導要領解説 総合的な学習の時間編』における「(1) 改訂の趣旨」では，以下のような課題が指摘されている。

> ・探究のプロセスの中でも，特に「整理・分析」，「まとめ・表現」に対する取組が十分ではないという課題があることも指摘されている。探究のプロセスを通じた一人一人の資質・能力の向上をより一層意識することが求められる。

ここからわかるように，これからの「総合」では，小学校から高校までの学びの系統性を視野に入れ，探究活動によって得た情報や学びの成果を整理したり分析したりすること，学びの成果をまとめたり積極的に発信したりすることを組み込むことが期待される。それをどのように実践すればよいのかという課題意識やヒントを探しながら本書を読み進めてほしい。

第1章では，まず総合的な学習の目標・内容・方法・評価についての考え方を論じている。また，カリキュラム・教育課程論について論じ，その背景となる歴史的経緯についてふりかえる。そのうえで，ESD により「総合」を実践する意義や役割について論じている。

第2章では，「総合」で育成が期待される「資質・能力」を論じている。ここでは，育成が期待される力の「主体は誰か」という問題提起がなされている。探究の本質を考えることで，民主的な学びの意義について論じている。そのうえで，とくに「人材」と「人格」のちがいを論じ，「総合」は，人格形成につなげる重要性を論じている。

第3章では，「総合」の授業づくりについて論じている。改めて，「総合」から「授業」のあり方や特徴を考えるきっかけを創出し，指導計画の立て方や，どのような課題があるのか解説している。そのうえで，授業づくりの観点から ESD として実践する方法についても論じている。とくに，グローバル・ローカルな課題を解決する行動に挑み，自分の認識と生き方を変容（Transform）させていく ESD の意義を考えるきっかけにしてほしい。

第4～6章では，小学校・中学校・高等学校において，先進的に取り組んでいる教員が，どのようなねらいや思いで授業づくりをしたのか，自らの経験をもとに紹介している。このなかでは，とくにどのようなねらいや思いで授業づくりに取り組み，実際の指導や評価を通して，どのような課題に直面したのか，説明している。これらは，これから「総合」の学びづくりに挑もうとする人に多様な示唆を与えるだろう。

第７章は本書の特色でもある，これからの「総合」においてSDGsの解決と学習活動を融合させたESDとして実践する意義を繰り返し論じている。そのうえで，目標１・16「貧困と正義，そして平和」，目標５・12「ジェンダー平等，つくる責任・つかう責任」，目標15・16「海の豊かさ，陸の豊かさ」の３つのテーマに焦点化し，基本的な考え方のヒントを論じている。「総合」の内容や学びづくりの方法の参考になるだろう。

第８章は，学校と地域の連携・協働について，その意義や重要性を論じている。このなかでは，とくにコミュニティ・スクールについての考え方などについて紹介している。また，学校と地域の連携事例について，長野県飯田市と岐阜県白川村を取り上げている。さらに，社会教育施設の一例として上野動物園との連携事例も紹介している。「総合」において広がりのある学びを実践するうえで，必然的に学校だけの学びだけでなく地域社会と連携することが求められる。現状で，どのような意義や課題があるかを考えるきっかけにしてほしい。

参考文献

岩本泰「SDGs 時代における教育課題」岩本泰・小玉敏也・降旗信一編著『教職概論―「包容的で質の高い教育」のために』〈SDGs と学校教育〉学文社，2019年，140-142頁
国谷裕子『SDGs がわかる本』文渓堂，2019年，７頁
細田絢・田嶌誠一「中学生におけるソーシャルサポートと自他への肯定感に関する研究」『教育心理学研究』第57巻第３号，日本教育心理学会，312頁
中間玲子「自尊感情と心理的健康との関連再考―「恩恵享受的自己感」の概念提起」『教育心理学研究』61巻４号，教育心理学会，2013年，377頁
森敏昭「学習科学から教科教育への提言」『日本教科教育学会誌』第38巻第４号，日本教科教育学会，2016年，89頁

注

（1）UNESCO「持続可能な開発のための教育（ESD）に関するユネスコ世界会議」 http://www.unesco.org/new/jp/unesco-world-conference-on-esd-2014/（2020年３月１日確認）。

（2）国連広報センター「ミレニアム開発目標の達成」 https://www.unic.or.jp/activities/economic_social_development/social_development/attain_mdgs/（2020年３月１日確認）。

（3）文部科学省「ESD（Education for Sustainable Development）」https://www.mext.go.jp/unesco/004/1339970.htm（2020年３月１日確認）。

第 1 章
総合的な学習／探究の時間とは何か

この章では,「総合的な学習／探究の時間」(以下,「総合」) の全体像を検討する。「総合的な学習の時間」については, 学習指導要領などの公的な指針は示されているものの, ほかの教科や領域のこれまでの長年の議論や実践の蓄積と比較すると, 多くの学校現場では今日なお試行錯誤の努力が続いているのが現状といってよいであろう。公的な指針に忠実にそって実践を計画しようとしても, 最終的にはその学校独自の教育課程を編成しなければならず, どう考えたらよいのかわからないと思い悩む管理職や担当者も多いのではないだろうか。

現在の「総合的な学習の時間」が小・中学校に導入されたのは1998年版学習指導要領からだが, 各大学の教職課程のなかで「総合的な学習の時間の指導法」が本格的に導入されたのは2019年度以降である。このことは別の見方をすれば, 2018年度以前に教職課程を修了 (教員免許を取得) した教員には,「総合的な学習の時間」をどのように行えばよいのかを学ぶ場 (教職課程における授業科目) が制度として保障されていなかったともいえる。

言い換えれば, それほど「総合的な学習の時間」とは斬新で新しい教育的取り組みなのだ。だが,「**教科・領域を横断する学習**」としての「総合」的学習は, およそ100年前の大正時代にはすでに一部の教師たちによって取り組まれてきた。今日の「総合」は過去と何がちがうのだろうか, また教師は, 過去にどのように「総合」あるいは「教科横断型の学習」に取り組んできたのだろうか。

著者紹介

降旗　信一 (東京農工大学農学部教授)

1962年生まれ。東京農工大学大学院博士後期課程修了。博士 (学術)。社団法人日本ネイチャーゲーム協会理事長, 米国カリフォルニア州立大学ソノマ校 Visiting Scholar, 鹿児島大学特任准教授, 東京農工大学准教授を経て現職。杉並区立大宮小学校学校運営協議会会長。『ESD (持続可能な開発のための教育) と自然体験学習』(風間書房, 2016年),『教職概論―包容的で質の高い教育のために』(学文社, 2019年)。

この章では,「総合的な学習の時間」の目標・内容・歴史・教師の実践といった点をふまえたうえで,SDGs の基本的な視座から「総合的な学習／探究の時間とは何か」を考えていこう。

第1節 「総合的な学習／探究の時間」の目標―5つの鍵概念

「総合」の目標と内容は,2017年版小学校学習指導要領に下記のように示されている。

> 第1　目標
> 探究的な見方・考え方を働かせ,**横断的・総合的な学習**a)を行うことを通して,よりよく課題を解決し,自己の生き方を考えていくb)ための資質・能力を次のとおり育成することを目指す。
> (1) **探究的な学習**c)の過程において,課題の解決に必要な知識及び技能を身に付け,課題に関わる概念を形成し,探究的な学習のよさを理解するようにする。
> (2) 実社会や実生活の中から問いを見いだしd),自分で課題を立て,情報を集め,整理・分析して,まとめ・表現することができるようにする。
> (3) 探究的な学習に主体的・協働的に取り組むとともに,互いのよさを生かしながら,積極的に社会に**参画**e)しようとする態度を養う。
> 第2　各学校において定める目標及び内容
> 1　目　標　　各学校においては,第1の目標を踏まえ,各学校の総合的な学習の時間の目標を定める。
> 2　内　容　　各学校においては,第1の目標を踏まえ,各学校の総合的な学習の時間の内容を定める。
>
> (下線と a)～e) は筆者による)

この記述のなかで,「総合」の固有性(他教科や領域にはない特性)を最も示している記述はどの部分であろうか。筆者は,下線をつけた a)～e) の5カ所の記述ではないかと考えている。

この5つの鍵概念について,「**小学校学習指導要領解説 総合的な学習の時間**」にそって,それぞれ理解を深めていこう。この「解説」は,「総合」の進め方について詳しくそのあり方を示したものなので,授業を行おうとするものは必ず全体に目を通しておく必要がある。とはいうものの,この「解説」は本文だけで140頁以上あり，本来「大綱的」であるべき国の指針としてはかなり細かく記述されているので，まずその全体像をつかみ，必要箇所を随時参照するのがよいであろう。「解説」の章構成は次表のとおりである。

第１章　総　説
第２章　総合的な学習の時間の目標
第３章　各学校において定める目標及び内容
第４章　指導計画の作成と内容の取扱い
第５章　総合的な学習の時間の指導計画の作成
第６章　総合的な学習の時間の年間指導計画及び単元計画の作成
第７章　総合的な学習の時間の学習指導
第８章　総合的な学習の時間の評価
第９章　総合的な学習の時間を充実させるための体制づくり

このうち，目標と内容については主に第２～３章に記載がある。前述のa)～e）の５つの重要課題が，ここでそれぞれどのように記載されているか確認しよう。

a）横断的・総合的な学習

横断的・総合的な学習を行うというのは，この時間の学習の対象や領域が，特定の教科等に留まらず，横断的・総合的でなければならないことを表している。
（「解説」第２章第２節１（２））

「解説」では，横断的・総合的な学習の例を「身近な自然環境とそこで起きている環境問題」「地域の伝統や文化とその継承に力を注ぐ人々」「実社会で働く人々の姿と自己の将来」などを例として示している。

横断的・総合的な学習は，**国際理解**，**情報**，**環境**，**福祉**・**健康**などの現代的な諸課題に対応する課題，地域や学校の特色に応じた課題，児童の興味・関心に基づく課題などを各学校の探究課題として設定したうえで行うものである。探究課題を設定するには，その学校と地域の歴史，環境，文化などを十分に把握する必要がある。これらの**地域教育資源**を把握するには調査が必要なのだが，教員にはそのための時間的ゆとりは少ないであろう。いっぽう，学校をとりまく市民・住民のなかには，地域の地理や歴史や文化に詳しい人もいるし，余暇活動として子どもたちの教育のために協力しようという人も少なくない。こうした**市民・住民との連携**を摸索する必要があるといえるだろう。

b）自己の生き方を考えていく

> **自己の生き方**を考えることは，次の三つで考えることができる。一つは，人や社会，自然との関わりにおいて，自らの生活や行動について考えていくことである。社会や自然の一員として，何をすべきか，どのようにすべきかなどを考えることである。また，これは低学年における生活科の学習の特質からつながってくる部分でもある。二つは，自分にとっての学ぶことの意味や価値を考えていくことである。取り組んだ学習活動を通して，自分の考えや意見を深めることであり，また，学習の有用感を味わうなどして学ぶことの意味を自覚することである。そして，これら二つを生かしながら，学んだことを現在及び将来の自己の生き方につなげて考えることが三つ目である。学習の成果から達成感や自信をもち，自分のよさや可能性に気付き，自分の人生や将来について考えていくことである。
> （「解説」第２章第２節１（３））

「解説」は，「自己の生き方を考える」を３点として示している。

「社会や自然の一員として，何をすべきか，どのようにすべきかなどを考える」ためには，そもそも児童生徒が，自らを「社会や自然の一員である」と気づくことからはじめることも必要であろう。また「自分にとっての学ぶことの意味や価値を考えていく」ためには，自分はこの先，どうなりたいのか（どう変わっていきたいのか）を考えること，あるいはこれまで，どう変わってきたのかをふりかえることも有用であろう。

これらを前提として，学習の成果から達成感や自信をもち，自分のよさや可能性に気づき，自分の人生や将来について考えていくことができるようになるであろう。なお「自分のよさや可能性」は自分ひとりで考えていても気づかないこともある。児童生徒がお互いに「相手のよさや可能性」を引き出しあうような取り組みも有効であろう。

c）探究的な学習

> 探究的な学習とは，物事の本質を探って見極めようとする一連の知的営みのこ

> とである　　　　　　　　　　　　　　　　　（「解説」第2章第2節1（1））

「解説」第2章には「**探究的な学習**」という用語が28カ所も登場することからも，それだけ重要な鍵概念なのだが，その定義は上記のようにシンプルである。「探究的な学習」のより具体的なプロセスとしては，「①日常生活や社会に目を向けた時に湧き上がってくる疑問や関心に基づいて，自ら課題を見付け，②そこにある具体的な問題について情報を収集し，③その情報を整理・分析したり，知識や技能に結び付けたり，考えを出し合ったりしながら問題の解決に取り組み，④明らかになった考えや意見などをまとめ・表現し，そこからまた新たな課題を見付け，更なる問題の解決を始めるといった学習活動を発展的に繰り返していく」とされている。「探究的な学習」では，「自ら課題を見付け，その解決にとりくむ」のだから，このプロセスは大学や研究機関の研究者が行っている研究活動に近いものである。こうした活動で，最も重要なのは「課題を見つける」という点である。何が課題なのかを見つけるためには，対象となる事象の過去，現在を認識したうえで，未来のあるべき姿をイメージする必要がある。それができるようになると，今，取り組むべき課題は何かがみえてくる。一度に多くの課題，大きな課題を解決しようとするのではなく，それらの課題を意識しつつも，当面の限られた条件（授業に使える期間，時間，場所など）を考慮したうえで，解決の見通しをもって課題を設定する必要があろう。

d）実社会や実生活の中から問いを見いだす

> 実社会や実生活には，解決すべき問題が多方面に広がっている。その問題は，複合的な要素が入り組んでいて，答えが一つに定まらず，容易には解決に至らないことが多い。自分で課題を立てるとは，そうした問題と向き合って，自分で取り組むべき課題を見いだすことである。　（「解説」第2章第2節2（2））

「解説」は，前述の「探究的な学習」を行ううえで，課題をどのようにして見つけ出すかという点に関して，**実社会や実生活**からそれを見つけ出すことが重要と指摘している。ここでは，自分たちの生活を時間（歴史）と空間（地理）

の両面から，**相対的**にみる視点をもとう。「相対的に」というのは，たえず全体を意識しつつ，そのなかで自分（たち）の位置や役割を考えることである。今，世界で起きている出来事は，自分たちの暮らしとどうかかわっているのかを考え，記述してみよう。そのときに現実の社会がすべて整合しているわけではなく，そこでは対立や矛盾もおきている。個人としての葛藤や感情の揺れを伴いつつも，現実を直視しよう。そしてどうすればその課題の解決に向け，一歩でも前進することができるのか，あるいは課題解決に向けて誰がどのような取り組みをしているのかを話し合ってみよう。調べていくなかで，探究している課題が，社会で解決が求められている切実な問題と重なり合っていることを知り，さらにそれに尽力している人と出会うことにより，問題意識は一層深まる。同一の学習対象でも，個別に追究する児童の課題が多様であれば，互いの情報を結び合わせて，現実の問題の複雑さや総合性に気づくこともある。教員自身が子どもたちとの話し合いや調査を通して，新しい発見や気づきを得ていくことが大事だ。

e）積極的に社会に参画する

> 複雑な現代社会においては，いかなる問題についても，一人だけの力で何かを成し遂げることは困難である。これが**協働的**に探究を進めることが求められる理由である。例えば，他の児童と協働的に取り組むことで，学習活動が発展したり課題への意識が高まったりする。異なる見方があることで解決への糸口もつかみやすくなる。また，他者と協働的に学習する態度を育てることが，求められているからでもある。このように，探究的な学習においては，他者と協働的に取り組み，異なる意見を生かして新たな知を創造しようとする態度が欠かせない。
> （「解説」第２章第２節２（３））

「解説」では，積極的な社会参画の例として，「他の児童との協働的な取り組み」を示している。児童生徒個人にとって，ほかの児童や家族は，最も身近にいる他者であり，ほかの児童や家族との協働的な学習に取り組むというのが１つの現実的な学習のあり方といえる。

いっぽう，ここでは例示はないが，「実社会や実生活」の場としては学校をとりまく**地域住民・市民**とのかかわりも重要である。「積極的な社会参画」と児童生徒に期待される資質能力の関係について，実社会や実生活の課題を探究しながら，自己の生き方を問い続ける姿が一人ひとりの児童生徒に涵養されることが求められている。だが 児童生徒の安全安心の確保という面で，実社会や実生活で起きている問題に児童生徒を参画させると，その問題に伴う混乱や危険に児童生徒を巻き込んでしまうのではとの懸念も生じるかもしれない。実社会や実生活で生じる諸問題の展開を正確に予測しコントロールすることは不可能であり，教育にとって不可欠ともいえる計画化は困難と感じることもあろう。さらに「総合」の授業を通して児童生徒が積極的な社会参画をしたとしても，授業だけでそのすべてを完結することはできない。児童生徒が実社会の問題解決に参加して何らかの役割を果たせたとしても，その力はわずかであろう。このことは児童生徒とも，また学校をとりまく地域住民・市民とも共有しておく必要がある。

しかし，わずかであっても，よりよい生活や社会の創造に向けて，自ら取り組んだり異なる他者と力を合わせたりすること，社会に寄与し貢献することは不可能ではない。教師の役割は，子どもたち一人ひとりの活動がどのように社会の変化や創造に寄与したのかをわかりやすく具体的に示すことであろう。それが子どもたちの納得を得られれば，子どもたちは「**知識及び技能**」や「**思考力，判断力，表現力等**」を活用・発揮して社会を変化させることにより前向きになるだろう。

第2節　「総合的な学習／探究の時間」の内容と方法

（1）「総合的な学習の時間」の内容

「総合」の内容について，「解説」（5章3節）では，「何を学ぶか」（学習の内容）とそれを通して「どのようなことができるようになるか（育成することを目指す資質・能力）」は，各学校が具体的に設定することであり，この点が他教科・領域にはない大きな特徴であるとしている。そして，その内容は，「目標を実現するにふさわしい**探究課題**」および「探究課題の解決を通して育成を目指す資質・能力」の２つのよりどころにしての，実際に日々教室で展開される学習活動，すなわち単元のこととされている（５章１節）。

ここで重要となる「探究課題」について，「解説」では，「現代的な諸課題に対応する横断的・総合的な課題」「地域や学校の特色に応じた課題」「児童の興味・関心に基づく課題」として表１－１が例示されている（５章３節）。

さらに，「探究課題の解決を通して育成を目指す資質・能力」については「知識及び技能」「思考力，判断力，表現力等」「学びに向かう力，人間性等」の３項目が示されている。このうち「学びに向かう力，人間性等」では，自分自身に関すること，他者や社会とのかかわりに関することの２つのバランスをとることが重要とされ，表１－２が例として示されている。

表１－１　「探究課題」の例

三つの課題	探究課題の例
横断的・総合的な課題(現代的な諸課題)	地域に暮らす外国人とその人たちが大切にしている文化や価値観（国際理解）
	情報化の進展とそれに伴う日常生活や社会の変化（情報）
	身近な自然環境とそこに起きている環境問題（環境）
	身の回りの高齢者とその暮らしを支援する仕組みや人々（福祉）
	毎日の健康な生活とストレスのある社会（健康）
	自分たちの消費生活と資源やエネルギーの問題（資源エネルギー）
	安心・安全な町づくりへの地域の取組と支援する人々（安全）
	食をめぐる問題とそれに関わる地域の農業や生産者（食）
	科学技術の進歩と自分たちの暮らしの変化（科学技術）
	など
地域や学校の特色に応じた課題	町づくりや地域活性化のために取り組んでいる人々や組織（町づくり）
	地域の伝統や文化とその継承に力を注ぐ人々（伝統文化）
	商店街の再生に向けて努力する人々と地域社会（地域経済）
	防災のための安全な町づくりとその取組（防災）
	など
児童の興味・関心に基づく課題	実社会で働く人々の姿と自己の将来（キャリア）
	ものづくりの面白さや工夫と生活の発展（ものづくり）
	生命現象の神秘や不思議さと，そのすばらしさ（生命）
	など

表1－2　「学びに向かう力，人間性等」の育成を目指す資質・能力の例

	学びに向かう力，人間性等		
	例）自己理解・他者理解	例）主体性・協働性	例）将来展望・社会参画
自分自身に関すること	探究的な活動を通して，自分の生活を見直し，自分の特徴やよさを理解しようとする	自分の意志で，目標をもって課題の解決に向けた探究に取り組もうとする	探究的な活動を通して，自己の生き方を考え，夢や希望などをもとうとする
他者や社会との関わりに関すること	探究的な活動を通して，異なる意見や他者の考えを受け入れて尊重しようとする	自他のよさを生かしながら協力して問題の解決に向けた探究に取り組もうとする	探究的な活動を通して，進んで実社会・実生活の問題の解決に取り組もうとする

（2）「総合」の方法と「考えるための技法」

「方法は内容のしもべ」という言葉がある。教育や学習の方法は，その内容に応じて規定されるという意味である。「総合」においても，まず内容（それを特定するための「探究課題」や「探究課題の解決を通して育成を目指す資質・能力」も含む）を確認し，そのうえで，その内容をどのような方法で進めるのかという流れになろう。

「総合」では，探究的な学習が求められるが，「考えるための技法」はその具体的な技法である（表1－3，5章3節）。これは，考える際に必要となる情報の処理方法を，「比較する」「分類する」「関連づける」のように具体化し，技法として整理したものである。この技法は，他教科でも活用するものだが，総合的な学習の時間では，どのような技法が課題解決に有効であるのかが，事前に予測がむずかしい場合が多い。つまりその場に応じて一番よい方法を選ぶ（あるいは考え出す）こと，その選び方，考え方が重要といえる。実社会・実生活の課題解決において自在に活用できるようにするためには，「総合」において，さまざまな局面に応じて，どのような「考える技法」が有効なのかを考え，試行錯誤を経験することが大切である。

「考える技法」については，これを有効に活用することが必要である一方，注意点もある。1つは，こうしたツールを活用すること自体を目的化しないよ

表1－3　考えるための技法

○順序付ける：複数の対象について，ある視点や条件に沿って対象を並び替える。
○比較する：複数の対象について，ある視点から共通点や相違点を明らかにする。
○分類する：複数の対象について，ある視点から共通点のあるもの同士をまとめる。
○関連付ける：複数の対象がどのような関係にあるかを見付ける。ある対象に関係するものを見付けて増やしていく。
○多面的に見る・多角的に見る：対象のもつ複数の性質に着目したり，対象を異なる複数の角度から捉えたりする。
○理由付ける（原因や根拠を見付ける）：対象の理由や原因，根拠を見付けたり予想したりする。
○見通す（結果を予想する）：見通しを立てる。物事の結果を予想する。
○具体化する（個別化する，分解する）：対象に関する上位概念・規則に当てはまる具体例を挙げたり，対象を構成する下位概念や要素に分けたりする。
○抽象化する（一般化する，統合する）：対象に関する上位概念や法則を挙げたり，複数の対象を一つにまとめたりする。
○構造化する・考えを構造的（網構造・層構造など）に整理する。

うにすることである。もう１つは，こうした学習活動が教師による一方的な体験の押し付けや，部分的な「知識および技能」の習得のみになってしまわないようにしなければならない。

第３節　「総合的な学習／探究の時間」の成立と発展―「総合」の教育史を探る

（１）「総合」への時代の要請

「総合」は，今日の時代の要請に応えるために登場した教育である。どのような要請なのだろうか。日本政府は，狩猟採集社会⇒農耕社会⇒工業社会⇒情報社会に続く児童生徒がこれから生きていかねばならない社会を，「Society 5.0」をキーワードとして次のように説明している。

> IoT（Internet of Things）で全ての人とモノがつながり，様々な知識や情報が共有され，今までにない新たな価値を生み出すことで，これらの課題や困難を克服（中略）社会の変革（イノベーション）を通じて，これまでの閉塞感を打破し，希望の持てる社会，世代を超えて互いに尊重し合あえる社会，一人一人が快適で活躍できる社会（中略）経済発展と社会的課題の解決を両立
>
> （第５期科学技術基本計画の説明資料より筆者抜粋）

表1－4　生活学習課題からみたSociety5.0

産業形態	生きるための知恵と技	生活にかかわる学習課題
狩猟採集社会（縄文時代）	狩猟採集による衣食住の確保	狩の仕方，獲物や果実の調理保管方法
農耕社会（弥生時代～明治維新）	農耕による衣食住の確保	農耕の仕方，収穫物の保管方法（読み，書き，そろばん）
工業社会（明治・大正・昭和）	自然資源を素材とした工業製品の開発	工業と商業にそれぞれ必要なことを学ぶ（国語・算数・理科・社会・図工・音楽・体育・英語など）
情報社会（昭和後期～平成）	情報通信による生産力の向上	情報通信社会の中で，取り残されないためのリテラシーの獲得（ICT）
Society5.0（平成後期～令和以降）	課題や困難を克服するための社会の変革（イノベーション）	社会の課題や困難を認識し，その解決に向けたアイデアを生みだし，そのアイデアを具体的な製品やサービスの創出につなげること

出所：筆者作成

「総合」への要請とは，このようなSociety5.0の時代を生き抜く力を児童生徒に身につけてほしいという要請といえる。このSociety5.0に至る人類史の大きな流れを，その時代に要請される「生き抜く力」すなわち生活学習課題との関係として表1－4に示した。

すなわち，児童生徒に身につけてほしい，Society5.0の時代を生き抜く力とは，課題や困難を克服するための社会の変革（イノベーション）であり，学習課題とは，社会の課題や困難を認識し，その解決に向けたアイデアを生みだし，そのアイデアを具体的な製品やサービスの創出につなげることといえる。

（2）「総合」の教育史―「教科・領域を横断する学習」としての「総合」の発展史

今日の「総合」は，前述のような今日の時代の要請を受けて21世紀に入って以降，本格的に学校教育に導入された。いっぽう，「教科や領域を横断する学習」としての教育は，およそ100年前の大正時代にはすでに一部の教師たちによる**民間教育運動**として取り組まれていた（表1－5）。国家主導型の教育が，国家の教育政策や教育行政の一環としてなされるものだとすれば，民間教育運動とは，そうした国家主導型教育の枠組みの拡張，補完，ときには抵抗として

表1－5　「教科・領域を横断する学習」としての「総合」的学習の発展史

年　代	公的教育制度	民間教育運動
学制発布～明治期		西洋新教育の紹介
大正～昭和初期		大正自由教育運動・新学校（大正新教育）合科学習など
昭和初期から1946年	国民学校での「綜合教授」など新教育の流用	
1947～1957年（第1，2次学習指導要領）	（戦後新教育のうち，学習指導要領（試案）にある生活単元学習）	戦後新教育のうち，コア・カリキュラムおよび地域教育計画
1958～1967年（第3次学習指導要領）		（仮説実験授業，水道方式など）
1968～1976年（第4次学習指導要領）		日教組の「総合学習」提案
1977～1988年（第5次学習指導要領）		公害教育における教科横断教育の検証
1989～1998年（第6次学習指導要領）	生活科	「学習の転換」
1998～2008年（第7次学習指導要領）	学習指導要領に「総合的な学習の時間」の設置（第1期）	「学びと文化」「学びの共同体」環境教育における教科横断型授業の実践と検証（大森学級）
2008～2017年（第8次学習指導要領）	学習指導要領の「総合的な学習の時間」（第2期）	東日本大震災・福島原発事故を扱った教科横断型授業の実践と検証（小玉学級）
2017年以降（第9次学習指導要領）	学習指導要領の「総合的な学習/探究の時間」（第3期）「資質・能力」，カリキュラム・マネジメントなど	

出所：筆者作成

社会的に組織される教育についての主張や行動である。一人の教師が複数の生徒に対して一斉に授業を行うという学校での授業風景が定着したのは1800年代（19世紀）後半である。本来，学習とは，人間個人の「学びたい」という自然な欲求から沸き起る行為であり，教育とは，その学習をほかの人間が促し，助け，支えるという営みなのだから，その学習者個人の状況に応じてその時々に必要な教育が為されるのが自然な姿といえる。だがそのように個人の状況に応じた教育を行うためには学習者一人ひとりに教師一人ひとりがそれぞれ付き添わなければならないし，しかも学習者の学習したい内容は多種多様なので，それぞれの内容に応じて（たとえば社会科的内容を教えるか理科的内容を教えるかなど)，それを教えることを得意（専門）とする教師が必要とされる状況が生じる。さらにある内容を一人の教師が1年間（たとえば週3時間×35週で105時間）かけて教えるといった場合に，その内容が年間を通じて，また全国で一律に決まっていたほうが，教えやすいということがある（もし教える内容が地域ごとにまったく異なっていたら教師は勤務地がかわるたびに教える内容を新たに準備しなければならないし，同じ地域でも教える内容が毎年異なるものであったら，新たにその準備を毎年しなければならなくなる)。教育とは本来，このような莫大なコストがかかるものだが，すべての人（児童生徒）に一定の質と量をもった教育活動を行うことが必要とされる公教育の場ではとてもこのようなことは不可能である。そうした事情から，一人の教師が大勢の児童生徒に授業を行うという一斉授業のスタイル，学習指導要領として学年と教科に応じて教える内容が全国一律で定められ，その内容を教えるための教材（教科書）が配布されるという教育内容の標準化，また校舎や教室そのほか，設備や教材教具にも法律で一定の基準を設け，その最低ラインを財政的に保障する（つまり全国一律）という形で学校教育制度の仕組みはつくられ，今日まで発展してきた。

民間教育運動は，こうした近代の学校のシステム（既存の教育）に対する拡張，補完，ときには抵抗の運動として展開されてきたことから**新教育運動**ともいわれている。日本の代表的な新教育運動として知られる**大正自由教育運動**は，書物や講義を通じて体系的な知を教える教育に対して，児童の自主的で，生活に根差した主体的な活動を尊重するという児童中心主義，生活中心主義の考え方であった。「総合（教科横断型授業)」という考え方ももともと新教育運動が提起したものである。こうした考え方は戦前戦後の公的教育制度に一部流用された時期もあったが部分的な動きであった。それが，1980年代前後から学校教育のなかに次第に導入されはじめることになる。1989年版学習指導要領での「生活科」，1998年版学習指導要領での「総合的な学習の時間」の設置以降，本格的に公的教育制度に位置づくようになり，今日に至っている。

第４節　一人の教師がなしえること―大森実践と小玉実践

「総合的な学習の時間」は，各学校が具体的に設定するものとされている。このことにより「総合な学習の時間」には検定教科書はなく，各教員個人の授業への取り組みのあり方が授業の内容や成果に強く反映される。一人の教師が日々の授業実践を通して何をなしえるのか，授業に参加する子どもだけでなく，保護者や同僚や地域やときにはそのさらに外側にいる人々にまでどのような変化や影響をもたらしうるのか，ここでは環境と持続可能性にかかわる実践を展開した２人の教師を紹介したい。

一人は大森 亨である。1970年代に小学校教師になった大森は，「総合的な学習の時間」が学校教育制度として始まった1998年以前から「僕らはトンボ探検隊」などの授業実践を通して，子どもを**行動の主体**に育てるための数多くの取り組みを行った。東京都荒川区立の公立小学校のある教室からはじまったトンボ実践では，子どもたちが，建設省（現在の国土交通省）荒川下流工事事務所に働きかけて荒川の河川敷のなかに「トンボ池作り」を実現させた。この実践が行われたのは1990年代の後半であるから「総合的な学習の時間」が本格的に始まる以前である。「トンボ池」が実現したからこの実践を高く評価するのではない。公立の小学校の教育課程（当時の教科や領域）のなかで，この一連の実践を着想し，試行錯誤しながらも周囲（保護者や同僚や学校外の人々）を説得し，１つ１つの段階を積み重ねていった教師の実践と理論構築への情熱と努力を評価したいのである。教育政策や学習指導要領にいかにすばらしいことが書いてあっても，実際にそれを行うのは教師一人ひとりであり，その情熱と努力なしにはどんな教育実践も絵空事でしかない。

もう一人は小玉敏也である。埼玉県の公立小学校教諭だった小玉は，2011～2012年にかけて東日本大震災と水俣病の経験をもとに「東北の12歳は今」「夢は奪われたのか」の２つの授業実践を小学校６年生対象の「総合的な学習の時間」として行った。東日本大震災と水俣病はどちらも実社会のなかで起きていることなので，授業と同時進行で被災状況や政治的な情勢，世論，そしてさまざまなデータは変化し，絞りこむことが困難である。そこで小玉は，①東日本大震災・原発事故，水俣病を〈12歳の視点〉から考える，②教科（国語，社会）・領域（特別活動，道徳）と関連づけながら授業を進める，③関係者のリソースを有効に活用しながら学習活動を広げるという３つの基本方針を立てて授業づくりに取り組んだ。〈12歳の視点〉とは，東日本大震災の被災者，首都圏避難者，水俣病患者のそれぞれの「12歳」に焦点をあて，同世代の子どもが巻き込まれた事態を共感的に理解させるために設定した視点である。さらに学習活動に広がりをもたせるために，国語や社会や特別活動，道徳と有機的に関連づけることを試みた（表１－６）。

その際，これらの教科横断的な取り組みを補完し，促進したのが学校外のゲストがもつリソースであった。被災地にかかわってきた人や水俣病患者の貴重な体験談は児童の感性や情動を激しく揺さぶった。この授業は，事前に設定した教師の目標に到達させるのではなく，ともに学習をつくり出すという発想で進められた。児童は，《問題への気づき→問題への関心喚起→問題への理解→理解した内容の共有→問題解決のための話し合い→解決行動の準備と実行→行動の評価と次の課題の設定》というスパイラル型の学習過程を経ながら，教師の提案，児童の感想文の共有，話し合いによる自己決定により段階的に学習は進んだ。だが，小玉自身のふりかえりによれば，東日本大震災と水俣病という２つの課題のあまりの重さに何度も継続と中断の間で心が揺れた。水俣病の歴史と現実が，東日本大震災・原発事故の問題性を逆照射するという実感を何度も経験したという。このような葛藤のなかで展開された授業は，参加協力した学生，被災地住民・教師たちと児童との間に新たなコミュニケーションや活動を生み出したことも報告されている。

本章では，「総合」の全体像を「５つの鍵概念」「内容と方法」「歴史」「実践」という４つの視点で論じてきた。冒頭でも述べたように，「総合」はほかの教科や領域に比べると斬新で新しい取り組みである。読者一人ひとりのアイデアや創意工夫から，そして教職履修学生と現場の教員たちの真摯な挑戦的努力により新たな「総合」の時代が切り開かれることが期待される。

表1-6　小玉実践の計画表

次	学習内容・活動（時）	指導上の留意点	関連指導
1	「世界の12歳は今」（6） ・「開発途上国」って何？ ・「世界の12歳」の生活は？ ・世界の12歳が困っている問題は？ ・関心のある問題を調べよう ・新聞を作ろう ・作った新聞を読み合おう	・VTR「世界の12歳は今」視聴 ・資料「ユニセフと世界の友達」を活用	国語：12歳ノート（1年間継続）
2	「東北の12歳は今」（6） ・私たちの3月11日体験 ・家族の3月11日体験 ・最近の気になるニュースは？ ・東北の12歳の生活を想像しよう ・被災地に行った人の話を聞こう ・福島の12歳の生活を知ろう	・事前に家族に聞き取りさせる ・フォトランゲージの手法 ・学年保護者2名の講演 ・NHK「21人の輪」視聴	社会：憲法学習 国語「平和の砦を築く」 道徳「健一君の悩み」
3	「被災地を支援しよう」（5） ・被災地のためにできることを考えよう ・募金活動のための準備をしよう ・募金活動をしよう ・まとめ（感想の交流）	・募金活動は，特別活動の一環として実施	道徳「うちら震災ボランティア」
4	「自分の生き方を見つめよう」（11） ・ボランティアって何？ ・学生ボランティアとの交流会 ・学生さんに手紙を書こう ・交流会のふりかえり ・「学んできたこと」は何？ ・発表会の準備を使用 ・学習発表会 ・学習全体のふりかえり	・立教大学学生の協力 ・2時間扱いの設定 ・3時間扱いの設定 ・ポスターセッション形式で実施	道徳「伝説のスピーチ」（DVD視聴）

次	学習内容・活動	指導上の留意点	関連指導
1	「水俣病」とは何か？（2） ・水俣病にかかった子どもは，どのような気持ちで過ごしてきたのだろう？ ・胎児性水俣病患者は，どのように生きてきたのだろう？	・ゲストのNさんの半生をたどる。VTR視聴（水俣病資料館）	総合「未来予想図を描く」
2	「水俣病患者との出会いⅠ」（2） ・水俣合宿経験者（学生）の報告を聞く ・報告会のふりかえり（手紙を書く）	・埼玉大学学生の協力	
3	「水俣病患者との出会いⅡ」（2） ・胎児性水俣病患者との交流会 ・交流会のふりかえり（手紙を書く）	・NPO法人ほっとはうすの協力	

演習問題

① 今，社会で起きているさまざまな問題のなかから１つを選び，その問題をテーマに「総合的な学習／探究の時間」の授業づくりをするとしたら，どのような授業が可能だろうか，表１-６を参考にしながら指導計画案を作成してみよう。
② 上記１の授業を行う際，どのような成果が予想できるかを「授業に参加する児童生徒」「そのほかの人たち」に分けて書き出してみよう。
③ 上記１の授業を行う際の課題や困難なことは何だろうか。予測して書き出したうえで，周囲の人と話し合ってみよう。またその課題や困難をどうすれば乗り越えられるかも考えてみよう。

参考文献

金馬国晴編著『カリキュラム・マネジメントと教育課程』学文社，2019年
大森亨『小学校環境教育実践試論』創風社，2014年
小玉敏也「東日本大震災・水俣病の経験から 首都圏の子どもは何を学べるか？—総合的学習『東北の12歳は今』『夢は奪われたのか』の実践」『環境教育』22（２），2012年，90-98頁

コラム　大学発：「社会へ開かれた教育課程」

2017・2018年版学習指導要領では，「総合的な学習の時間」だけでなく，各教科においても「社会に開かれた教育課程」を摸索することが求められている。筆者は，いくつかの大学で教職科目の授業を担当しているが，学校の教育課程を社会に開くことが求められるのであれば大学の教職課程も社会に開く必要があると考え，さまざまな試行錯誤を行っている。

その１つでは，同僚の大学教員や地域のNPO関係者らとともに，大学の教室を開放し，中学生の放課後の学習支援活動を展開している。「ESD塾」と名付けられたこの活動は，中学生が週一回，18～20時の時間に大学の教室にやってきて各自の学習課題に取り組みながら，わからないところはその場にいる大学生（教職履修学生）に質問できるようになっている。中学生にとって大学生は「大人」であるが，自分たちと年齢が近いため，よき理解者，先輩としても接することができる。教師や保護者や地域住民とは異なった新鮮な存在として，勉学のことだけでなくクラブ活動のことなどさまざまなことを話し合ったり相談したりしている。また大学生にとっても中学生と向き合うことにより「助言者」「メンター」ときには「教師」としての自分の役割を認識できる場ともなっている。

筆者のもう１つの取り組みは，大学周辺の自治会役員と教職履修学生がともに小学校の教育課程試案を作成するという活動である。この活動は，ある教職の授業で近隣の自治会長に地域の防災の取り組みについて講演をしてもらったことから始まった。講演のなかで，自治会長は教職履修学生たちに「君たちの夢は何ですか？」と熱く問いかけた。その問いかけに対して学生たちは「自分が教師になったらこんな授業をやってみたい」という授業案（単元指導計画）の立案を小学校の各学年各教科で試みたのである。その際，その地域（大学周辺の地域）の歴史や文化や自然や人々の暮らしをその授業に何らかの形で取り入れようと試みたのだが，その段階で学生たちは自分たちが地域のことをほとんど何も知らないことに気づいた。そこで各自が「授業づくりのための質問」を考え，自治会長に届けたところ，自治会長はそれを自治会役員たちに見せた。その結果，５名の自治会役員が大学の教職授業に参加し，学生たちの質問に答える形で地域の教育資源について意見交換を行った。その記録をもとに学生たちが作成した授業案には，さまざまな形で自治会役員からのヒアリング（写真）の結果が反映された。さらに，この活動の成果を近隣の小学校長に報告したところ，次年度の「総合的な学習の時間」の授業づくりについて学校，自治会，教職履修学生が協力しながら一緒につくっていこうとの方向で話し合いが進むことになった。

第2章
「資質・能力」の育成と総合性

総合的な学習／探究の時間（以下,「総合」）はどんな人を育てるのか。その目標を学校教育全体として，ほかの教科とそろえて，汎用的な3つの柱からなる「資質・能力」へと統一したのが，2017・2018年版学習指導要領であった。それは世界中で論議されてきた21世紀型能力（スキル），非認知（的）能力といったものの反映で，現実社会への深刻な危機感によってはいる。

とはいえ，ESD，SDGsの視野からみるならば，不十分さがある。地球や人類全体の危機をいかなる問題と見なし，その探究を通じて，子どもたちがどう変わるのか。学習指導要領の解説は，探究の過程として，問題をいかに設定し，情報を収集，整理・分析しつつ，いかに解決しようとしてまとめ・発表をするかを図示している。それは活用可能な形式ではあるが，まだ何か足りない。

本章の後半では，総合的な人格の形成こそ目標とすべきものと考える。そうした視野をもって，もっと詳しい問題解決のプロセスや，意識化－行動化－構造・社会の変化－人格形成といった一連のねらい，ESDで重視する能力・態度の一覧表，校種の段階の連続性，それらを実現するべく単元を習作する方法論を提案していく。さらには，学校全体で総合的に進めるホールスクール・アプローチや，コア・カリキュラムといったイメージも示してみたい。

ただ,「資質・能力」といわれるものを批判的に，政治・経済の側とみて，人格などと総合的な概念へととらえ直しつつ，各自の関心から具体的に言い換えることもいる。こうして，教育のほうから政治・経済をコントロールし返し，使いこなせるような人間（総合的な人格）を育てることをめざしたいものだ。

著者紹介

金馬　国晴（横浜国立大学教育学部教授）

1973年生まれ。一橋大学社会学部卒，東京大学大学院教育学研究科博士課程単位取得退学。日生連，教科研ほか会員。『カリキュラム・マネジメントと教育課程』（編著，学文社，2019年），『学びを創る・学びを支える―新しい教育の理論と方法』（広石英記編，共著，一藝社，2020年）。

第１節 「資質・能力」の３つの柱と総合的な学習／探究の時間（目標の構成）

（1）危機のなかで求められる新しい力

文科省・学習指導要領の新しい版（2017・2018年版）から，「**資質・能力**」の３つの柱が示されはじめた。学校教育の目標とされ，評価の観点ともなるものだ。これは以下のような，「新しい」とされる認識によるという（下線は引用者。以下，解説とは小学校版，中学校版の総合的な学習の時間編。高等学校版では異なる部分もある）。

> 「予測困難な社会の変化に主体的に関わり，感性を豊かに働かせながら，どのような未来を創っていくのか，どのように社会や人生をよりよいものにしていくのかという目的を自ら考え，自らの可能性を発揮し，よりよい社会と幸福な人生の創り手となる力を身に付けられるようにすることが重要である」
>
> （解説，p. 3：元は中央教育審議会の平成28年12月答申による）

下線部は政策文書としては少々不思議な言葉づかいだ。今の大人を乗り越えるような教育を本気で求めているのかどうか。その危機の意識は，世界・地球や人類全体にとってか，日本や国民にとってか，経済界・政官界にとってなのか。その差は大きいものなのだが，いずれにしても21世紀の日本と世界は「よりよく」どころか問題があり過ぎる。格差や差別，それらが絡む気候変動，天災と人災，そして戦争やテロ…。解決するには，正解がないというよりも，人々はそれぞれの正解をもって対立し（学会や裁判，選挙が典型的），自分の立場に近い専門家の意見を引用しあっているのだ。たしかに多数説や通説というものならばある。だが現実は，一部の人や組織の意見でしかないものが，あたかも普遍的な真理であるかのように宣伝されて，通ってしまう。

たとえば，格差や差別は，富や利権をにぎる上流・上位層，勝ち組にとっては「よい」ものだ。かれらは変化を嫌い，改革をいっても完全な平等や公正をめざすような変革や革新は拒否する。だから保守と自称するわけだ。

とはいえ近年，世界では，また日本でも，数万人規模のデモなどが盛んに起こされた結果，独裁反対と民主化や，子どもやさまざまな弱者の人権，温暖化防止や核兵器禁止などの運動が通じてきた。条約などが結ばれて，世界各国の政府や議会，企業を動かしはじめ，社会の変化や変革が進みつつある。その集団的な担い手が市民団体やNGO（非政府組織）・NPO（非営利団体）である。

そうした対立や運動の背景に教育があったし，教育に期待が寄せられる。というと，負担に思うだろうか。日本でさえ，子どもたちの頭や心，身体に，社会変化の種はまかれてきた。文科省の学習指導要領の解説さえ，冒頭に引用したような力が「全く新しい力であるということではなく学校教育が長年その育成を目指してきた『生きる力』であることを改めて捉え直し，学校教育がしっかりとその強みを発揮できるようにしていくことが必要」といっているのだ。

こうしたなかで，世紀転換期にかけて，世界で認識されてきたことは，問題解決をするためには，領域ごとに区別がされた「何を知っているか」の知識だけでなく，知識や技能を自在に活用し「何ができるか」，つまり「どのような問題解決を現に成し遂げるか」のための，領域を越えて機能しうる汎用的な（広くさまざまなことに使える）「資質・能力」（コンピテンシー）が要ることであった。

知識・技能を活用して「できる」とは，日常や仕事で起こった問題が解決できることだ。さまざまな知識や技能を，テストが終わっても忘れずに（「剥落」させずに），いつでも問題解決で活用できるよう，備え蓄えておくことでもある。

以上のようにとらえ直した数々の力が，21世紀型能力（またはスキル），とくに非認知（的）能力のイメージといえ，先進国中心に議論・提起されてきたものだ。少なくとも，教科・科目ごとにバラバラなテストのため，自分や家族だけよければいいとの受験・入試のため，といった「**テスト収斂システム**[(1)]」といえるものは，乗り越えておくべきだ。だが，資質・能力の源流の1つはOECD（経済協力開発機構）のいう**キー・コンピテンシー**で，とくにそれはPISA（ピザまたはピサ。児童の国際到達度調査）という2000年から3年ごとに続けられてきたテストによって測られてきたという矛盾がある。そのテストが世界を翻弄してきており，測定すること自体にも疑問が投げかけられてきた[(2)]。

すでに日本の学校や教室のいくつかは，教え込みの授業だけでなく，多彩な授業を展開してきたのだし，教科外でも特別活動（学校行事，学級活動・ホームルーム活動，児童会・生徒会活動，そしてクラブ活動など），部活動，あるいは生活指導も行ってきた。「総合」学習はまさに，各教科の授業とこれら教科外活動との総合なのだ。未来のために今，知識以上のことを学び身につけ「活用」することに理想をもち，現実のほうを近づけていけばいい。そのために，誰かが答えを出してくれるまで待たず，市民一人ひとりが（つまり皆さんこそ）経験，知識や知恵，考えをもち寄って，協同・協働して答えをつくり出したいものだ。つまり知識を覚え（てい）るだけでは不十分で，情報化してきた社会のなかで，必要な知識を調べ，それを使って考え，まとめ上げて新しい考えを生み出す（創発する）力も必要となる。そうするためにも，グローバル社会らしく，学校内でもさまざまな言語や文化，価値観をもつ異質な人々と交流・協働を，多様性を活かして問題を解き，新しい考えや価値を創造したいものである。

（2）資質・能力の３つの柱と，「総合」の場合

以上のように，学習指導要領でいう「汎用的な能力の育成を重視する世界的な潮流」を深読みできる。そのもとで，以下の３つの柱を「バランスよく育成してきた我が国の学校教育の蓄積を生かしていく」ことがめざされている。

①「何を理解しているか，何ができるか（生きて働く「知識・技能」の習得）」
②「理解していること・できることをどう使うか（未知の状況にも対応できる「思考力・判断力・表現力等」の育成）」
③「どのように社会・世界と関わり，よりよい人生を送るか（学びを人生や社会に生かそうとする「学びに向かう力・人間性等」の涵養）」（評価の観点となると，「主体的に学びに取り組む態度」と言い換えられる）

（解説，p. 3）

これらに国立教育政策研究所（以下，国研）のいう基礎力，社会力，実践力（国研教育課程研究センター『教育課程の編成に関する基礎的研究報告書 5　社会の変化に対応する資質や能力を育成する教育課程の編成原理』2013年ほか）が重ねられる。また，学校教育法（1947年制定）の2007年改正で，第30条２項に示さ

れた学力観とも連動している。この改正を受けて，学習指導要領に至っては，あらゆる教科や領域の目標や内容，評価の観点も，この３つの柱に基づき再整理され，偏りなく実現していくことがめざされるようになったわけである。

「総合」は，ほかの教科に対する基盤のような位置が与えられ，とくに重視されるようになった。そのうえで，学習指導要領のなかに，その目標が以下のように示されている（上記の３つの柱，および生徒の学習の姿（後述）に関連する部分に下線を引いておく）。

①探究的な学習の過程において，課題の解決に必要な知識及び技能を身に付け，課題に関わる概念を形成し，探究的な学習のよさを理解するようにする。
②実社会や実生活の中から問いを見いだし，自分で課題を立て，情報を集め，整理・分析して，まとめ・表現することができるようにする。
③探究的な学習に主体的・協働的に取り組むとともに，互いのよさを生かしながら，積極的に社会に参画しようとする態度を養う。

第２節 「総合」の特質に応じた「見方・考え方」―探究と連続性（目標の趣旨）

（１）探究的な見方・考え方

こうした目標の趣旨とされるものがある。１つは「見方・考え方」を働かせることであり，「総合」に関しては，「探究的な見方・考え方」とされている。学習指導要領の解説の2008年版から載る図２-１がそのイメージで，上記（２）で示した総合の目標を図で表したようなものである。

課題の設定→情報の収集→整理・分析→まとめ・表現という流れだが，もっと実際には複雑だ。著者独自に，問題解決のプロセス論を以下に示してみる。

０：大まかな見通し・めあてを，先生や学校のほうで（できれば子ども個々人や，子どもたちの間でも討論などをして）もつ。
１：インパクト・リアリティー（現実味）・当事者性のあるモノ・人・こと・事実に「対象」として向き合い，疑問・問題を引き出し，課題を立てて書き出す。
２：活動・体験・作業・調査（「対象」へのかかわり・働きかけ）を展開し，情報を収集する（たとえば調査は，文献やインターネットだけでなく，関係する人々へのインタビュー・手紙・電子メールなどを通じて行い，できるかぎり直接に観察・見学したり，出会って交流したりする）。

3：「対象」にかかわる節々で，なぜその活動をするのか，という「自分」にとっての切実な理由を確かめる。

4：活動で明らかとなった情報を整理・分析し，意見を形成する（「自分」認識へ）。

5：各人が意見を，学習共同体（チームや班，クラス，学校）を意識しつつまとめ，表現しあって意見交流，討論し，記録する（小さなふりかえり）。

6：活動と討論のプロセスと結果を，できれば外に向かって発表・発信する（たとえば，学習発表会・文化祭などでのプレゼンや劇，さらに新聞ほかマスコミやSNSへの投書など）。

7：以上の活動全体を「ふりかえり」，レポートなどの作品にまとめる。積極的に社会に参画しようとする態度を養う。

実践に移してみるならば，とても「固定的」にはとらえられない形式だ。課題の設定がむずかしく，いったん立てば見通しができるが，情報収集の時間もたっぷりいるし，整理・分析にも時間がかかる。そのうちに，課題を設定しなおしたくなることもままあろう。いつまとめに入れるものかわからないし，表現する場面を想定しはじめると，課題が困難すぎたとか，新たに情報を集め直す必要があるとさえ思うものとなる（大学の卒業研究でも同じことになる）。

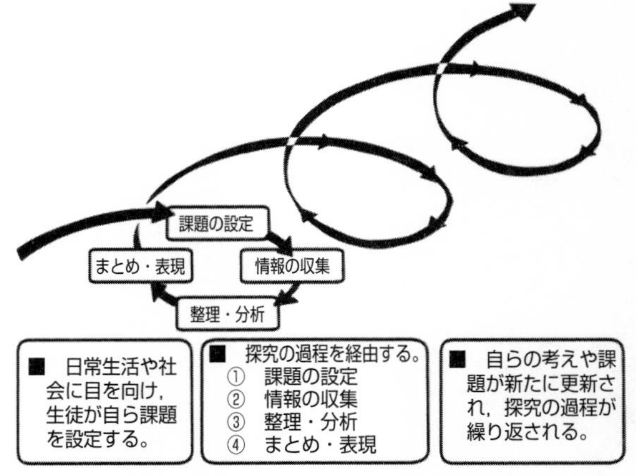

図２－１　探究的な学習における児童・生徒の学習の姿

出所：解説（小・中のみ）p. 9

(2) 連続性：横断的カリキュラムと「活用」―見方・考え方と校種間連続

「総合」を通じて，この探究の過程を展開していくわけだが，教科が絡んでくることになり，いくつか教科をまたぐような横断的・総合的な学習にもなってくる。つまり，上記の情報とは，各教科で学んだことかもしれず，知識・技能が「総合」のなかで「活用」されることになってくる。単元内だけでなく，単元相互や，教科・領域相互でも連続性が生み出されていくのである。

逆に，「各教科等の見方・考え方」を総合的にすることで，別のタイプの「総合」が生み出される。その他に，「総合に固有な見方・考え方」というものがあるわけだ。先述したような探究が1つだが，さらに分けてみるならば，以下の「見方・考え方」といったものもないか。

・総合的・教科横断的な「見方・考え方」
・本物・現実を扱う際の「見方・考え方」
・テーマを自ら選択する際の「見方・考え方」
・対象に向き合う自分としての「見方・考え方」

このような，各教科をも超えた総合性，つまり連続性を生み出すことで，一人ひとりが，課題をよりよく解決し，たとえ解決に至らずとも，学びは深まり，広がって，自己の生き方を考えたくもなるものだ。

さらには，校種の間の連続性も意識したい。現状，学習指導要領の記述には大したちがいがみられない。例示について，小学校版には中学校版に比べて「地域の人々の暮らし，伝統と文化など」があり，中学校版には小学校にはない「職業や自己の将来に関する課題」(高等学校版では「職業や自己の進路に関する課題」)，および職場体験活動が加わっている。内容の取扱いにつき，中学校版になると消えるのが，国際理解に関する学習についての詳細，および「…情報手段の基本的な操作を習得」などの情報教育の詳細やプログラミングについてだが，ほかの教科で扱うようになるからだろう。

高等学校版となってくると，小・中学校版とちがうのは，目標などの文言上のちがいのほかに，あげられることは多くない。指導計画の作成について

「(３) 目標を実現するにふさわしい探究課題を設定するに当たっては，生徒の多様な課題に対する意識を生かすことができるよう配慮すること」が加わる(ほかにも，総合学科での場合が加わり，道徳についての記述がなくなる)。内容の取扱いに，「(２) 課題の設定においては，生徒が自分で課題を発見する過程を重視すること」などが加わり，異年齢集団が個人研究へと置き換わる。小・中学校より，個々人でテーマ設定をするような探究・研究自体が奨励されていることがわかる。

だが，小中高の12年間でさほど進歩しないとでもいうのか，いささか固定的である。もっと発達に応じて生じてほしいちがいや変化を加味して，理解しなおしたいものだ（第４・５・６章の実践記録を読み比べてみよう)。

第３節 「持続可能な社会の創り手」を―総合的な人格・個人として

では，資質・能力などに問題があるのなら，もっと大きく社会的に，どんな能力をもつ人をイメージしなおしたらいいのか。「持続可能な社会の創り手」(学習指導要領の前文）との用語の内実を，積極的に展開したい。これはESDが関連し，SDGsの達成をめざす人をさす。

他方で，その社会のほうが問題だ。「社会に開かれた教育課程」でいう社会の意味する範囲を問うべきである。それは政治，経済だけでない。SDGsを広く文化，地域・社会，そして環境にも開かれた目標・目的ととらえ直したい。

(１) 部分的な人材ではなく総合的な人格として

たとえば「創り手」を，人材や人財としてのみとらえたくない。人材は経済面に偏った，企業や経済社会にとっての部品，歯車であり，人間の一部分しか評価しない人間観とみえるからだ。むしろ文化，社会や環境にも開かれた表現としては“人格”というべき（personalityと訳せるが，もっと総合的に，すべてを備えたすぐれた人という意味で）ではないか(３)。人格の総合性を強調した論は，しばしば教科のなかでも総合性が育つと主張してきた。だが現実は，近代以降，教科の区分に合わせて，自然認識，社会認識，言語，芸術などに，いったん「専門分化」させて養われてきた（ここに人材要請がからむ余地がある）。とはいえ，いつかは「総合」がなされないことには，学力がついても生きて働かないだろう。複雑な現実をトータルにとらえ，感情や身体も一体的に働く“人格”というものが育ってこそ，学力を働かせ，生かせる（活用できる）ようになるからだ（コラム参照）。

人材と人格のちがいとは，部分的か全体的かであり，経済（企業）や政治（政府，官庁・役所）に使われる手段としての部品や道具でしかないか，対して生きる幸福を感じたがるし，実現しようと願う生身の人間かのちがいともいえよう。

（２）意識化－行動化－構造・社会の変化，そして人格形成

ところで，なぜ「探究」がいるのだろうか。まず，テストのためではない。総合的な人格形成を見通しつつ，次々と問いを生み，連続的に探究を続けること自体が目的といえるが，具体的には図２－２のような４つの方向性が絡んでいよう。

意識化は，意識改革，認識の変革，価値変容ともいわれるように，見えなかったことが意識的に観よう（聴こう）とするから見えてくること，社会のなかでの自分（たち）の位置が自覚できるようになること，そこで社会にどう働きかけ，参加できるかも見通せてくることなどといえる。パウロ・フレイレ（Freire, P. 1921-97）が識字教育の意義としたことと重ねると，深いことになる。

行動化とは実践化，行動変容ともいえるが，意識するにとどまらず，実際に試しにやってみて，行動に移すこと，実践に挑むことだ。署名（街頭で立って集めることも含めて），デモ（デモンストレーション。マーチ，パレードともいう），またSNSやウェブサイトに，メッセージなどをアップすること（投稿）もできる。

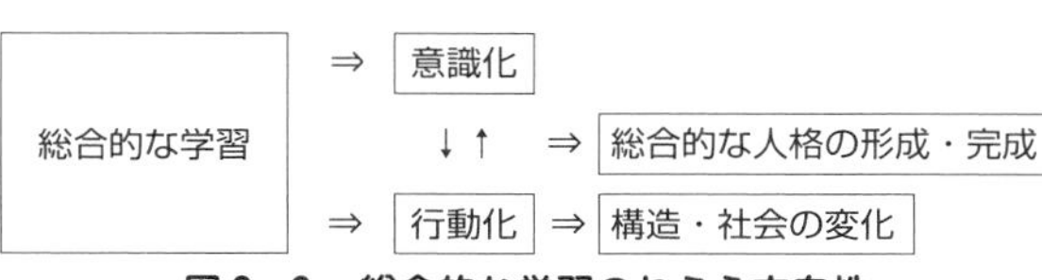

図２－２　総合的な学習のねらう方向性

出所：著者作成

意識化できたあとに確信をもって行動に移せる場合もあるが，意識化せずとも偶然に，または仲

間につられて，先に行動してみる場合もあっていい。ジョン・デューイ（Dewey, J. 1859–1952）が初期に主張した「為すことによって学ぶ」に近いだろうが，「総合」で意識化が進む前に行動してみる実践例もあってよかろう。行動しつづけたり，いつか再開したりするきっかけとなればいい。

構造の変化あるいは社会の変化とは，上記の意識化や行動化によって，人々が考えるだけでなく動き，構造や社会が影響を受けることだ。構造改良，社会変革ともいわれ，小さな変化・変動から大きな革命まであるように，程度や経緯はさまざまにある。最終的に大人たちまで動かされるとよい。もっとも一貫した論が，カール・マルクス（Marx, K. 1818–83）らの労働運動や革命，社会主義・共産主義であり，その継承者たちの論がさまざまにある。社会民主主義，福祉国家とはその修正版で，所得を再分配し福祉，教育の充実を図る論である。

以上の各場面では，子ども・青年に，学校を飛び出た社会参加，さらには（学習指導要領の目標にもある）社会参画が期待されてくる。だが現状は，社会とのつながりを喪失していて，自分に関係ない他人ごととも思ってしまう子どもや若者が目立つ(4)。とはいえ，生活が脅かされていると気づけば，大人や社会への批判も芽生えよう（意識化）。そこで，実際に動いてみて（行動化），すでに動いている大人（地域の人々，専門家）や組織（行政，NGO ／ NPO）とつなぐこともまた，学校の役割ではないか。グレタさん（Thunberg, Greta. E. 2003-(5)）のように，学校をも超えて，世界を変えようと考え動いている子もいる。彼女は地球温暖化がもたらすリスクを訴えつづけ，自ら日常生活を変え，抗議行動を展開するとともに，率直で事実に即したスピーチで，気候変動の危機に立ち向かうため，すぐさま行動を始めるよう呼び掛けてきた。

重要なのは，自分たちみんなの幸福をめざして「忖度」なく行動することだろう。以上のすべてを通じつつ，総合的な人格を育てあうのが理想的である。

（3）ESD で重視する能力・態度

改めて結果としては，どういう能力や態度を，子どものなかに育てることを

表２－１　ESD で重視する能力・態度

<table>
<tr><th colspan="2">ESD で重視する能力・態度</th><th>キー・コンピテンシー</th></tr>
<tr><td>❶批判的に考える力
《批判》</td><td>合理的，客観的な情報や公平な判断に基づいて本質を見抜き，ものごとを思慮深く，建設的，協調的，代替的に思考・判断する力
例）○ 他者の意見や情報を，よく検討・理解して採り入れる。
× 得られたデータや考え方を鵜呑みにする。
○ 積極的・発展的に，よりよい解決策を考える。
× 消極的，悲観的に考え，すぐに諦める。答えだけを得ようとする。</td><td rowspan="3">相互作用的に道具を用いる。</td></tr>
<tr><td>❷未来像を予測して計画を立てる力
《未来》</td><td>過去や現在に基づき，あるべき未来像（ビジョン）を予想・予測・期待し，それを他者と共有しながら，ものごとを計画する力
例）○ 見通しや目的意識をもって計画を立てる。
× 無計画にものごとを進めたり，その場しのぎをしたりする。
○ 他者がどのように受け取るかを想像しながら計画を立てる。
× 独り善がりにものごとを進めてしまう。</td></tr>
<tr><td>❸多面的，総合的に考える力
《多面》</td><td>人・もの・こと・社会・自然などのつながり・かかわり・ひろがり（システム）を理解し，それらを多面的，総合的に考える力
例）○ 廃棄物も見方によっては資源になると捉えることができる。
× 役に立たないものは不要だと考える。
○ 様々なものごとを関連付けて考える。
× まとまりがなく，きれぎれの見方をする。</td></tr>
<tr><td>❹コミュニケーションを行う力
《伝達》</td><td>自分の気持ちや考えを伝えるとともに，他者の気持ちや考えを尊重し，積極的にコミュニケーションを行う力
例）○ 自分の考えをまとめて簡潔に伝えられる。
× 他者の意見の欠点ばかりを指摘し，自分の考えを言わない。
○ 自分のの考えに，他者の意見を取り入れる。
× 他者の意見を聞こうとしない。</td><td rowspan="2">異質な集団で交流する。</td></tr>
<tr><td>❺他者と協力する態度
《協力》</td><td>他者の立場に立ち，他者の考えや行動に共感するとともに，他者と協力・協同してものごとを進めようとする態度
例）○ 相手の立場を考えて行動する。
× 自分のことしか考えない。
○ 仲間を励ましながらチームで活動する。
× 身勝手な行動，同調しない態度をとる。</td></tr>
<tr><td>❻つながりを尊重する態度
《関連》</td><td>人・もの・こと・社会・自然などと自分とのつながり・かかわりに関心をもち，それらを尊重し大切にしようとする態度
例）○ 自分が様々なものごととつながっていることに関心をもつ。
× 自分のすぐ回りのものや直接関係のあることしか関心がない。
○ いろいろなもののお陰で自分がいることを実感する。
× 自分は一人で生きていると思い込む。</td><td rowspan="2">自律的に活動する。</td></tr>
<tr><td>❼進んで参加する態度
《参加》</td><td>集団や社会における自分の発言や行動に責任をもち，自分の役割を踏まえた上で，ものごとに自主的・主体的に参加しようとする態度
例）○ 自分の言ったことに責任をもち，約束を守る。
× 無責任な行動ばかりで，きまりを守らない。
○ 進んで他者のために行動する。
× 自分が得をすることしかしない。</td></tr>
</table>

注《》表記は，実践事例での略号

出所：国立教育政策研究所『学校における持続可能な発展のための教育（ESD）に関する研究〔最終報告書〕』2012年，p. 9
https://www.nier.go.jp/kaihatsu/pdf/esd_saishuu.pdf（2020年２月20日確認）

めざすといいかを考えよう。具体的な参考資料としては，国研がまとめたリストがある。あくまで，自分がつくりたい単元や授業にからめられそうなものを選び，かつそれに合わせてつくり直しながら，縦横無尽に活用するといいものだろう（表2－1）。

第4節　総合的イメージ―ホールスクール・アプローチとコア・カリキュラム

以上のような資質・能力，いや人格や社会を形成していくべく総合性を重視すると，学校全体も変わることになる。「総合」に体験，経験を導入するにとどまらず，カリキュラムの全体を，またその条件や環境をも変えていき，カリキュラムの変革を幅広く，総合的に進めていくことになるわけだ。

（1）ホールスクール・アプローチ

ESD 論の一環として，学校ぐるみのホールスクール・アプローチというものがある。まず学校の日々の生活を持続可能にしないと，社会も持続可能になりはしないとの発想だ。そこで，各学年の年間計画を，縦軸に各教科・領域，横軸に4月から3月をおいた表に表し，テーマに関連する単元を書き込んで，連携させる単元同士を線で結んだESD カレンダー，理想の学校像のイメージを，イラストにして掲示するサスティナブル・マップなどの試みがなされる。

イメージとしては，もみじアプローチといって，紅葉が色づくように，徐々にESD が学校のなかに染み込み，地域へも広がって，持続可能な地域社会につながるようにし，学校がコアになるというものがわかりやすい（住田昌治『カラフルな学校づくり』学文社，2019年，pp. 61-64）。

こうして学校教育が率先して，学校（進級・進学，学歴）や就職だけのためでもない，個人個人の幸福のための地域・社会づくりのために変わっていく。

特徴としては，全体主義とのちがい，すべての活動を支える中心概念，内発的な発展，脱計画性（永田他 2017，p. 70-72）がいわれるが，具体的な要素としては，ユネスコ（2010）が，以下のような項目をあげている（ユネスコ「ESD レンズ」に関する永田監訳／吉田訳。抜粋や一部翻訳修正がされている）。

・正規のカリキュラムとしては…カリキュラム編成／授業と学習戦略／教室用学習教材／評価の実践／教師の専門性の発展
・学習システム＝ホールスクールの見直しとしては…校舎と校庭のデザインと建築／エネルギーの利用と消費／水の利用と消費／紙の利用と消費／ゴミの管理／学校への交通／給食／ジェンダーの公正／子どもに優しい学校づくり／学習または身体障がいのある生徒への支援／地域社会の事業への生徒の参加／学校の意思決定への地域コミュニティの参加／学校の意思決定への生徒の参加／地域経済，持続可能な暮らし，持続可能なライフスタイルの関与
・その他

「その他」があることがポイントで，自分たちの状況に合わせられる「余白」や「すき間」「アソビ」として，加筆や修正ができる余地を加えているのだ。

（2）コア・カリキュラム

もう１つ，戦後初期のコア・カリキュラムが注目できる。それを編成した学校の連合体のコア連（コア・カリキュラム連盟，1948-53）の意図を，その後身の日生連（日本生活教育連盟 1953-）の元委員長が要約している。

> 人間はもともと，バラバラな諸能力の寄せ木細工なのではなく，全一の統一体として生きているのだから，そういう人間を育てるというのに，それぞれなかみを別にする教科をいくつもバラバラのまま並列して教えることはおかしく，あらかじめ全体として統一構造をもつかたちにまとめて教えるべきである
>
> （春田正治『日生連物語』民衆社，1988年，p. 22）

総合性を，個々人の人格のうちに見いだすがゆえに，はじめからカリキュラム全体を総合的に組んでおくという発想なのだ。

しばしば同心円で表されてきたものだが（図２－３），広義としては，カリキュラムにコア（中心，中核）をもうけ，そこで活動（生活，経験）を広げ・深めることを目的とする中心課程（一重目の円）に，その手段（用具，道具）として必要となった教科の知識，技能（技術），態度を教えるための周辺課程，基礎課程（他）（二重目の円）を，有機的に関連させた「総合」的・「統合」的な

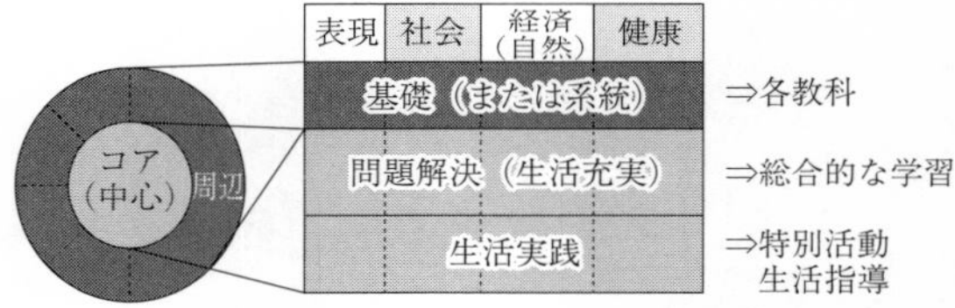

図 2－3　コア・カリキュラムから三層四領域へ

出所：筆者作成

カリキュラムと定義される（日本教育方法学会編『現代教育方法事典』図書文化，2004年，p. 534の筆者担当項目より）。このように学校全体のカリキュラムを図示したものは，**三層四領域**といわれる理論にもさらに展開していった。

狭義というのは，前者のコア（中心課程。三層論でいうと，生活実践課程（日常生活課程）と問題解決課程）のみをさす場合だ。実際は広義のもの，すなわち狭義もコアとして含み，そこにほかの教科（周辺課程や基礎課程・系統課程）が結合・接合・融合された全体構成論としてのコア・カリキュラムに注目すべきものである。

当時の学校が公開授業で配ったり売ったりした冊子をみると，人格のような総合的な目的・目標を示すがゆえに，教科の境も超えられて，現在でいう「総合」の（学校によっては生活指導，特別活動も絡んだ）活動がコアとして据えられ，そこに各教科にあたる多くの要素が関連づけられている(6)。

なお，1970年代後半になると，日教組の組んだ諸委員会が「総合学習」を提案した。これは人脈や思想上，コア・カリキュラムから連続したものといえる。現在の学習指導要領にある総合的な学習／探究の時間は，「総合学習」とは異なるものの，類似性がある。ただし，コア・カリキュラムと比べてみるならば，総合的な学習／探究の時間は，各教科との関係が後付け的といわざるを得ない。

第５節　単元習作の方法論─具体や疑問から計画を立ち上げる

以上のような総合的な目標をめざすとなると，１時間ずつの授業ではなく，単元という数週間，数カ月の単位で考えていったほうが，イメージがわく。

試しに単元をつくってみよう。ワークショップ的に進める方法を示す（日生連とその若手教師たち（全青教＝全国青年教師連絡協議会）が開発をした単元習作というものを，新たにバージョンアップさせたもの。Jamboardでもできる）。

1．単元のテーマ（採り上げたい内容）
2．具体的なトピック・事例（単元テーマについて知っている具体的なことを出し尽くす。ポストイットに，１つの内容につき１枚ずつ，単語や一文で何枚も書き出す）。
➡チームで，同じものを束ねるか，模造紙などに集めて貼り並べる。
3．疑問づくり（別の色のポストイットにいくつか書き出す。トピックがどう結びつくかの構造を見立てる軸となり，単元内で小見出しになっていく。後で発問にもなる）。引き続き同じ色のペンを使うといい。
4．テーマに関する構造図づくり（書いたポストイットを出し合い，同じものは重ね，似たものはズラしながらつないで整理。整理したポストイットを，疑問を小見出しとしたグループに分けて，模造紙に仮に貼る）。
➡疑問を「発問」として，その答えに関連するようなポストイットを集めて，並べ貼ることで，単元全体の構造を図示する（逆に，ポストイットを並べていて思いついた新たな疑問も）。写メを撮っておくと，以降で解体しても記録が確保できる。
5．単元計画（やってみたいチームは，模造紙や何らかの図（プログラムデザインまんだらというものもある。図２-４参照）に，ポストイットを貼り直していく。実際は授業や単元を，どんな問題（発問）や活動から始めるか，教材をどう位置づけて使うか，そして調べたり発表したりもするか，さらに単元の終わり方ほか）。
➡そして模造紙に貼ったポストイットから，以下を見つけて印をつけ確認したり，加筆したりする。足りないと思ったら書き足し，貼り足しをする（子どもの頃も思い出して…）。
6．単元計画に含めた学習活動（インタビュー，実験，討論など）。
7．学習活動・調査方法の組織方法（個人かグループか全体で一斉か）。
8．主要な準備物・人。
9．次への発展（評価方法，やりきれないこと，日常へいかに広げるか）。
⇒交流会（たとえばワールドカフェ）１人残ってあとの人はいろんなチームを廻って質疑応答やアドバイス。途中交替。全員戻ってから報告しあう。
加筆修正もしてみて…そして
⇒発表会

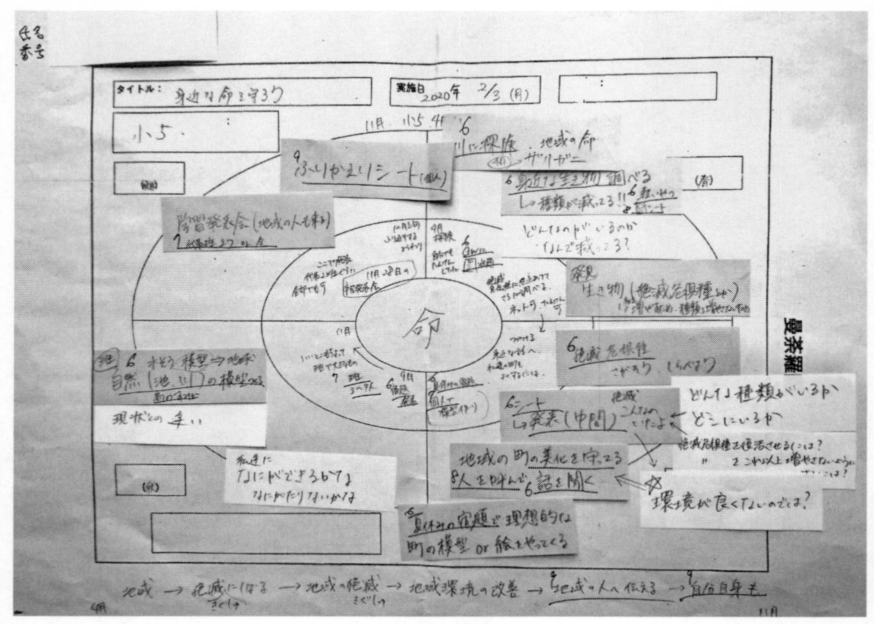

図 2-4　プログラムデザインまんだら

単元は本来，経験単元（子どもの問題解決能力の発展をめざした具体的な経験活動のまとまり）をさす。他方でよくいわれるものは，教材単元（教育内容の系統性や論理性を重視し，教材の習得に重点をおくもの。教科書の章立てにあたる）である。前者は問題解決学習的な登山型，後者は系統学習的な階段型としてイメージできる（金馬 2018, p. 13-14)。または，ピクニック型という提案もある（広石英記)。じつは，これらの型は組み合わせ可能だが（一部分に階段がある山のイメージ)，そこまで多重的に総合してこそ，コア・カリキュラムになってくる。

第 6 節　政治・経済のシステムと生活世界とのせめぎ合い

資質・能力は，人材としてとらえられ，その限りで狭い。それに比べて人格ととらえた場合は総合的になり，一人ひとりの個人というものを，バラバラにできないまとまりある存在，自ら生きて活動し学び成長しようと望む存在として，尊厳をもってみるものだ（教育基本法が教育の目的（第１条）として示す「人格の完成」にはそのような意味や願いが込められている）。

ただし，資質・能力のほうを，人格のように広げて理解するなら危険だ。人格も，あたかも資質・能力のようなリスト，測定可能な部分の結合体，束のようなものと見なされて，すべてが測定可能であるかのように誤解されてしまうからだ。子どもや人間を，数値（偏差値など）で説明できる部分だけからみると，理想を広く大きく語る方向も，全体を「よりよく」する方向もめざされなくなる。人材や資質・能力は，一部分のみの誇張やそのリスト，数値でとらえられるが，それが人格全体の評価と見なされないよう，「抵抗」すべきではないか。

政治や経済を担う上層部（保守系政治家・官僚，財界人）は，エビデンス，アカウンタビリティーなどといい，測定されたデータに合わせてもっぱら動き，下々の者にも数値目標とその達成を強制してくる。これでは，政治・経済のシステムに支配され，システムの自己運動，暴走に従うだけになる[7]。最たる事態は戦争だ。始まったからには止められず，政治と経済へとすべてを総動員するシステム（総力戦体制）がそこに形づくられる。教育界にもシステムがあり，「テスト収斂システム」がそうだし，最たるものが受験体制，受験戦争ではないか。

教育は，政治・経済のシステムとは異なる，生活世界という別社会での対話・コミュニケーションにかかわることだ[8]。互いが「やりたい」ことを，失敗してもいいからやってみる，そのためにこそ考え・語り合う，そんな理想的な対話を広げたい。教育といえることとは，さまざまな課題の交点というか共通部分に位置づいて，政治・経済にかかわりつつもコントロールし，できれば使いこなし「活用」するはざまに，瞬間的に成り立つことかもしれない。

とくに「総合」では，政治・経済を共同で批判し，活用しつくすような各校，各地の実践・活動を子どもたちとともにしたいものだ。本章でみた数々の図表や概念を「形式化」せずに使いこなすことが，その一歩だろう。やりたいことがないという子や若者が多いが，自分なりの理想をもって生きて活動できる人，そのために逆に，データや数値を，政治，経済を活用し尽くせる，だからこそ学びたくなり，協同ができ，一人でも活動できる人へと育てたいではないか。

演習問題

① 総合的な学習／探究の時間のねらいと，自分が学んでいる教科のねらいを，「資質・能力」の３つの柱とその問題性を意識しつつ比較してみよう。

② 理想の「総合」学習のテーマをあげ，探究の過程をイメージしつつ書き出してみよう。それをもとに，単元習作のワークショップをやってみよう。

③ 人材や「資質・能力」といった概念の何が問題か。人格の総合的な視点と対比しながら整理しなおし，例も示しながら自分の意見を論じてみよう。

注

（１）「テスト収斂システム」（収斂は，収束／集約とも言い換え可）とは，点数や単位，評定を与えられるから勉強をさせる・させられるに過ぎなくさせられているシステムである。テストやレポートを「傾向と対策」だけ乗り切り，終わったら忘れていいのか？　日本の子どもたちがテストに向かう姿勢は，学力の剥落，浅漬け，最大瞬間学力といった問題があり，大人たちも総出で協力する「総動員」体制につながる心配がある。まるで子どもがテスト回答マシーン扱いで，記憶装置でさえない。この「テスト収斂システム」が緩まらなければ，学習指導要領改訂やどんな教育改革もまったく無にならないか（金馬国晴「「テスト収斂システム」という仮説―テスト，受験，学力テストの分析」横浜国立大学大学院教育学研究科『教育デザイン研究』８号，2017年）。

（２）OECD の担当官アンドレアス・シュライヒャー博士への公開書簡（2014年）。また，その参加者でもあるガート・ビースタの主張も注目されており，邦訳に『よい教育とはなにか―倫理・政治・民主主義』白澤社，2016年などがある。

（３）人格とは，今学習指導要領に向けた中央教育審議会などの審議で中心にいた安彦忠彦が，議論しきれなかった要素と指摘した隠れた要点だ（安彦 2014）。

（４）たとえば，『絶望の国の幸福な若者たち』（古市憲寿，講談社，2011年／文庫2015年）には興味深い調査データや見解が載っている。要約するに，日本の社会構造が若者層にとって「不幸な」仕組みになっていることは，マクロでみたとき事実かもしれないが，実際，現代の若者の生活満足度や幸福度は，ここ40年間のなかで一番高い。「社会」という「大きな世界」に不満はあっても，自分たちの「小さな世界」には満足しているからだ。社会関心を高めるには「若者たちが生きる身近な世界（親密圏）と，『社会』という大きな世界（公共圏）をつないであげればいいのだ」。社会・政治の現実を，「小さな世界」を侵す凶器として，または変えてくれる非日常として提示する。つなぐことで社会に目が向き，学ぶ・考える・行動する子も現われるだろう。

（５）グレタさんは，スウェーデンの環境活動家。15歳の2018年８月，スウェーデン語で「気候のための学校ストライキ」との看板を掲げ，スウェーデン議会の外で，より強い気候変動対策を呼びかけた。他の学生もそれぞれに同様の抗議活動に参加し，一緒に「未来のための金曜日（Friday for Future）」の名で気候変動学校スト（School Climate Strike）運動を組織することとなった。2018年の国連気候変動会議での演説後は，毎週世界のどこかで行われてきた。彼女は，日常生活や移動手段でも，二酸化炭素排出量を少なくするライフスタイルを実践してきた。家族4人で書かれた手記がある（マレーナほか／羽根由訳『グレタ―たったひとりのストライキ』海と月社，2019年）。

（6）冊子類の復刻として，金馬国晴・安井一郎・溝邊和成編『戦後初期コア・カリキュラム研究資料集』（東日本編1～3巻，2018年／西日本編4～6巻，2019年／附属校編7～9巻，2020年／中学校編，2021年予定）クロスカルチャー出版を参照。

（7）システムとは，訳せば系，体系，または方式，組織，機構となる。それは「何かを達成するように一貫性を持って組織されている，相互につながっている一連の構成要素」（ドネラ・メドウズ／枝廣淳子訳『世界はシステムで動く』英治出版，2015年，p. 32／原著1968年）と定義できる。システムという社会観は，複雑な物事を，各要素からではなく大局的にとらえる。すると数々の要素はつながって，ループ（円環）を形成しているものとみえてくる（この構造は共同のワークショップを通じて「見える化」できる）。ループをどこかで切らない限り，システムや組織自体の維持が主目的になり，人間をシステムの部品たる人材などとして扱い，疎外・抑圧しながら暴走する。システム社会が進んでいくと，人間一人ひとりではなく，きまりや仕組み，それが作る組織（ループ）が主役になり代わるような社会となってしまう。システムは人々やその立場・機能を，経済や，政治（行政）などに分化させるが，こうして道具的な合理性が貫かれる。これが徹底して，あらゆる面での合理化（ウェーバー，M.），物象化（マルクス，K.）が進んでいく。システムは，人間をその一要素として道具化し操るのだ。政策側や財界の人々を促して，システムに自ら乗らせる。彼らは改革や改善をいいながら，経済か政治のシステムを強化する方向しか考えられず，現場の会話も抑圧し，一部の幹部の判断と会議だけで，これしかない，みんなやってる，乗り遅れるなと，ノルマ達成，リストラ＝合理化などを上意下達，競争を通じて貫徹させる。役人や経営者，保守系議員は，現実に合わせて動く限り，「システムの奴隷」といえよう。理想や思想を対置しないと，無責任にもシステムの暴走を止めずにすべてを委ねる事態になってしまう。理想を学問的な根拠をもって語り，理論化しないと，多数の人が苦しんでも放置され，誰もが幸福になる余地を失う。

（8）人格同士が対等にコミュニケーション，対話して織りなすネットワークは，生活世界と呼ばれる社会像となる。ハーバマス（Habermas, J.）は，道具的合理性ではない，コミュニケーション的合理性というものがあるとした。たわいもない会話，語り合い，おしゃべりでも，断続的に続けていくと，新しい感情や認識，考え，着想などが創発されてくる。ガス抜きにとどまらず，多彩なものが連続的に発展するような会話，対話が生活世界を形づくっているとみえる。

参考文献

安彦忠彦『「コンピテンシー・ベース」を超える授業づくり』図書文化，2014年
金馬国晴編著『カリキュラム・マネジメントと教育課程』学文社，2019年
国立教育政策研究所編『国研ライブラリー　資質・能力［理論編］』東洋館出版社，2016年
永田佳之他編著『新たな時代のESD サスティナブルな学校を創ろう―世界のホールスクールから学ぶ』明石書店，2017年

コラム　部分的な人材ではなく，総合的な人格と考える意義

ここ数十年の世界中の教育政策は，新自由主義ということで，“自由”をいいつつ経済優先のグローバリズムというイデオロギーを当然視し，現場に押しつけてきた。その人間観は人材といわれるものとなる。学習指導要領になくともそれに向けた中央教育審議会（文科大臣の諮問機関）や教育再生実行会議（安倍首相の私的諮問機関），経済界の提言などによくでてくるものだ。

材とは材料のことで，部品や歯車がイメージされる。とある会社で管理職が，またはスポーツで監督が「こいつは使えない」といった場合，とある仕事や競技のこの場面では失敗したという意味でしかない。人間として全面的に失格ではなく，別の場面ではうまくできるかもと，本人も仲間たちも思うだろう。だが企業やチームとしては，必要とする能力が，今ここで発揮できる・できたのか，いわばこの社員や選手は使える材料，つまり部品・歯車になった（なっている）のか，といった「部分的」な基準でのみ判定するわけだ。人材を人財と言い換える人も現れてきたが，貨幣のたとえで経済色が一層濃くなるだけだ。

学習指導要領のいう「資質・能力」に言い換えたにしても，企業などが必要とする，人材のバラバラな側面を意味しないか。たとえば主体性といわれるものも，求められる場面だけでみせる積極性にすぎない。その部分性は会社事情でしかなく，たとえば政治市民的な主体性は，上司や取引先に逆らう可能性があるなら，会社にとっては不都合な危険性となる（バイトに即しても考えよう）。

対して人格は，教育基本法のうちでは改悪（2006）後にも消されなかった教育の目的でもある。今や学習指導要領もいう人間性より，存在が確かな実体性がある概念とみえる。日本国憲法13条で尊重される個人にも通じる。人格は抽象的で，枠のみ示す概念にすぎない。だがそれだけに，普遍性をめざしつつ，内実は各人各様，多彩でうめていい，という広さと深さを含んでいないか。

学校は，この乗り物のような人格を一人ひとりのうちに具体的に養い，むずかしくとも完成を，理想としてめざしつづけなければ，政治・経済の道具にされかねない。つまり，子どもに資質・能力を詰め込み，部分的にみて使えるか使えないかで，政治・経済へのシステムへと売り渡す選別装置にとどまりかねない。

改めて，人格の「完成」とはどういう意味か。各人がさまざまに学びとったことを総合して像を結ぶ形で，アイデンティティを構築し，自己実現の感じられる状態といえないか。逆に，企業などの職場は，いや経済・政治のシステムは，総合的な人格から，特定の能力のみを切り出し使おうとする。いわれた限りをこなすだけの仕事にしか集中させないから，指示待ちの若手が増えてきたのではないか。人は職場が求めないことまで考えつくし，勤務中以外は何をしてもいいはずだ。趣味や地域・社会活動は，余暇に過ぎないわけではない。

SDGs にあがるさまざまな問題も，総合的にとらえていかないと，真の解決には取り組めない。多くの社会問題は，以上のように総合的な人格を部分（の束）へと解体するような「疎外」といわれる問題をはらんでいるからだ。

第 3 章
総合的な学習／探究の時間における授業づくり

学生に，「総合的な学習の時間の授業の思い出を発表してください」と言うと，キョトンとすることが多い。それは，教科書があるわけではなく，特別活動との区別も曖昧で，おまけに「総合」という言葉さえ時間割になかった学校もあるからである。小・中学校と高等学校で取り組みに差があるといわれる一方で，子どもの生き方や進路に影響を及ぼす質の高い授業を行っている学校もあり，学校段階と学校間の格差が大きかったと言わざるを得ない。

その一因は，教員が授業のやり方をわからなかったことにある。なにしろ，創設当初の「総合的な学習の時間」は，授業の枠組み（目的・内容・方法・評価）を各学校が考えて実践する必要があったため，教科の授業のやり方に慣れた教員の多くがとまどったのも無理はない。しかし，それから20数年の時を経て，どの教員も「どのように授業をすればいいかわからない」と言い訳することはできなくなっている。なにより，教員免許の種類に関係なく，教員になったら総合的な学習の時間を担当し，各教科の授業と同様に真っ当な授業を行えなければいけないである。

本章では，総合的な学習／探究の時間（以下，「総合」）の授業を，教科の授業と比較しながら，その特徴を理解し，ESD の観点からどのようによりよい授業を創り出していくか考えていきたい。また，その授業が教育課程の編成や，地域との連携とも深くかかわっていることを明らかにしたい。

著者紹介

小玉　敏也（麻布大学生命・環境科学部教授）
1961年生まれ。立教大学大学院博士後期課程修了。博士（異文化コミュニケーション学）。埼玉県公立小学校教員を経て現職。立教大学 ESD 研究所客員研究員。『学校での環境教育における「参加型学習」の研究』（風間書房，2014年），『SDGs と学校教育　教職概論』（学文社，2019年），『SDGs 時代の教育：社会変革のための ESD』（筑波書房，2022年）。

第１節 「授業づくり」とは

2017・2018年改訂の学習指導要領では，持続可能な社会の創り手を育成するために，一方通行的な講義型の授業から，**主体的・対話的で深い学び**を実現する能動的な授業への転換が求められている。「総合」は，創設当初から同様の授業を試みてきたが，それは試行錯誤の連続であった。そもそも，私たちは学校での「授業」をどのように理解すればよいのだろう。まずは，その基本的な考え方を**教科教育**の側面から確認してみたい。

（1）「授業」の構造

「授業」という用語は，文字どおり「業（学問）を授ける」という意味で，対応する英語（Lesson）も「教習，稽古，教訓」などの類義語をあてる。その語感から，教員と子どもは上下の関係にあること，あらかじめ教えるべき学問が想定されていること，習う者は修練する必要があるという意味が伝わってくる。その背景にある思想は，江戸期の藩校や寺子屋の伝統が，学校教育制度が整えられた明治期を経て，現代の学校教育にも継承されているといってよい。「不易と流行」という言葉があるように，授業には，時を経ても変わらないことと，時を経るごとに変わっていくことがある。変わらないことの１つは，授業の基本的な構造（図３－１）である(1)。

授業は，教員と子どもと教材があって初めて成立する。時間と場所に関係なく，この三要素の１つでも欠いたところに授業は成立しない。教員と子どもさえいれば授業ができそうに思えるが，そこに教材がないとただの問答や交流に陥りかねない。**教材**とは，文字どおり「教えるための材料」であるが，社会科を例にとると，教科書，地図，年表から自作のワークシートも含む。図３－１の①は，教員と子どもの相互作用（Interaction）を意味する。教員

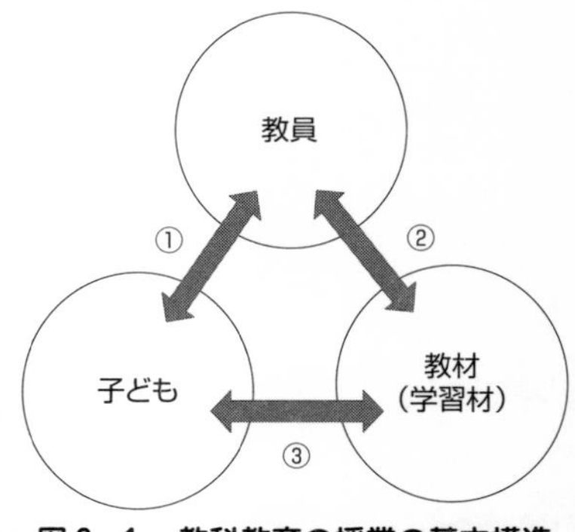

図３－１　教科教育の授業の基本構造

からみれば，ある教育内容を「教える」「支援する」などの行為だけでなく「子ども理解」などの認識も含み，子どもからみれば「習う」「話す・聞く」などの行為だけでなく「親近感」「信頼」などの情動も含む。②は，教員による**教材研究**を意味する。それは，授業を準備し実践するための基礎的な作業であり，その目標・内容・方法・評価を検討することも含む。また，教材研究は専門職としての力量形成にもつながる。③は，子どもと教材の間で営まれる「学習」を意味する。教材に出会った子どもは，その内容に関心をもち，理解を深め，技能と態度を身につけ，人格が陶冶されていくのである。

（２）教科教育における授業―教科書のある授業

私たちが「授業」という言葉を聞くとき，国語，数学などの各教科をイメージしがちである。黒板を背にした教員，同じ方向を向いた生徒，机の上のノートなど，誰もが同じような光景を思い浮かべられる。もちろん，グループ活動，個別学習，実験・実習，ICT の利用などのさまざまな授業の形態があることはいうまでもない。しかし，教科の授業の特徴の１つは**教科書**を使用するところにある。どの学校でも同じ教科書を使用して，重要語句を暗記したり，グラフの数値を調べたりと，なくてはならない教材になっている。

そもそも教科教育は，人類の知的文化遺産を次世代に継承し発展させるために存在している。したがって教科書は，子どもの発達段階をふまえながら，学問の論理によって系統的に配列された内容で構成されているので，教員は基本的にその順番に沿って授業を行っていく。たとえば，かけ算のあとにわり算を教えるのは，数学という学問の論理を根拠とするわけで，それを逆に指導したら子どもは混乱するにちがいない。図３-１をふまえると，各教科における授業は，教員が専門的な教材研究と熟練した教育技術のもとで，子どもとの相互行為を活発化して教科固有の認識を育成していく。そして，子どもはその授業を通じて，教科固有の知識・思考力・技能・態度を獲得し，成長と発達を遂げていくという考えを基盤としている。

教科書という教材は，両者の相互行為のなかで重要な位置を占めてきた。教員文化には，教科書「を」教える（基礎形成期），教科書「で」教える（能力伸長期），教科書「から」離れて教える（能力充実期）という格言があるが，それは教科教育における教科書の重要性を伝えているともいえる。

（3）「授業づくり」の基本的作業

授業は，図3-2のような学習指導案を作成することで初めて具体化される。

単元とは，ある目標を達成するために一定の順序によって構成された教育内容のひとまとまりである。たとえば，国語で「論理的な考え方を身につけよう」といった単元名のもとに，15時間程度の説明文教材と言語教材が配置された教科書を思い出すとよい。学習指導案は，1時間の授業の展開を可視化するものではあるが，その単元のなかでの位置づけを明確にする必要がある。そのために，まず「単元について」を記述する。それは，①「児童（生徒）観」：該当教科に関して，児童（生徒）がどのような実態にあるのか，②「教材観」：その児童（生徒）に対して，どのような内容を学ばせるか，③「指導観」：そのためにどのような指導／支援が必要か，という段階的な検討がなされなければならない。それをふまえて，単元の目標と指導・評価の計画を立てるのであり，その順番は決して逆ではない。

「本時の学習指導」では，1単位時間の目標と展開を具体化する。学習指導要領を参考にして「（1）目標」を立て，「（2）展開」はそれを達成するための，学習活動，指導／支援，評価の手立てなどを具体的に構想す

第○学年○組　○○科学習指導案

1　単元名（題材名）
2　単元（題材）について
　(1) 児童（生徒）観
　(2) 教材観
　(3) 指導観
3　単元の目標
4　指導・評価計画
5　本時の学習指導
　(1) 目標
　(2) 展開

学習活動	学習内容	指導と評価の工夫

図3-2　学習指導案の様式（例）

る。ときには，教科書だけでなく，自作の資料や教材を作成することもある。ただし，学習指導案はあくまでも事前のプランなので，授業では，子どもの言動を見極めつつ臨機応変に進めていく必要がある。

以上が，教科における授業づくりの最低限の作業である。わずか１単位時間の授業のなかにも，これだけさまざまなことを考え，働きかけることから，その営為をアート（Art）に擬える議論もある。

第２節　総合的な学習／探究の時間における授業の特徴

（1）「総合」における授業—教科書のない授業

学校での教育課程のなかで，「総合」は道徳，特別活動とともに「領域」に位置づいており，特定の親学問をもつ教科には入らない。その特徴の第一は，各学校が定めた教育目標を達成するために，子どもと地域の実態に応じて**教科等横断的**な特色ある教育課程を編成し，個性的な授業を実践できるところにある。つまり，教科のように全国一律同じ内容を教えるのではなく，各学校によって教育内容が異なるのである。第二は，**探究的な学習**という方法論が推奨されていることである（第２章の図２－１参照）。これは，子どもが「協働的に研究活動に従事することで，学問領域の内容だけでなく領域固有の認識論や実践の方略を学ぶ学習法」[(2)]であり，近年の学習科学の知見に影響を受けた方法論である。第三は，教科書を使わないことにある。それに代わって，授業の基本構造に**探究課題**を位置づけたことが，教科の授業と異なる。中学校学習指導要領では，その例として，①「現代的な諸課題に対応する横断的・総合的な課題」（例：国際理解，情報，環境，福祉・健康など），②「地域や学校の特色に応じた課題」（例：町づくり，伝統文化，地域経済，防災など），③「生徒の興味・関心に基づく課題」，④「職業や自己の将来に関する課題」との４点をあげている。

「総合」の授業では，探究課題が上位に位置し，それを子どもと教員がともに支える構造に変化する（図３－３）。教員主導になりがちな教科の授業とは対照的に，探究課題にアプローチする子どもを教員が支援する関係になる。したがって，探究的な学習は，「課題設定」「情報の収集」「整理・分析」「まとめ・表現」などの**学び方**を教えることが主となり，教育内容に関する学習指導は結果的に抑制される。

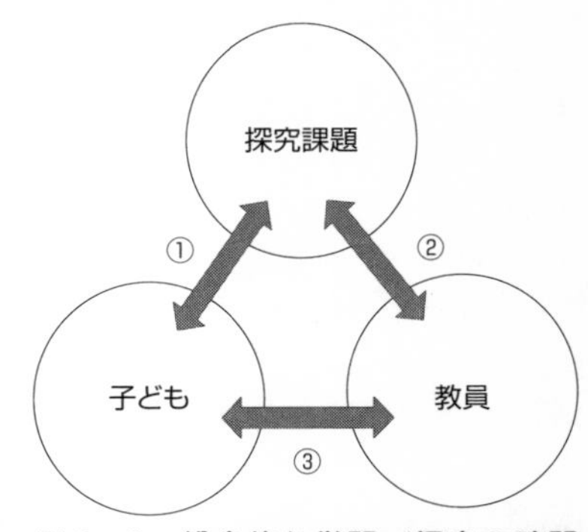

図 3 - 3　総合的な学習／探究の時間の授業の基本構造

当然，教員の教材研究と学習指導のあり方も変化する。教員自らが探究課題を開発し，子どもの主体性を引き出すための能力と教育技術を身につけなければならない。図 3 - 3 の②は，課題についての教材研究だけでなく，その選択を行うことも意味する。たとえば，「環境」に関する探究課題に取り組む場合，その広範な領域から「自然災害」に絞り込む作業がある。それも，教員がリードして選択するか，子どもと話し合って選択するかという判断が生じる。さらに自然災害に関する教材研究は，「1つの災害か，複合的な災害を扱うか」「地域の災害か，国内や海外も扱うか」などを検討し，教員自身が数多くの資料を読み込むことや，ときには現地に取材することもある。

図 3 - 3 の③は各教科の授業で用いる一斉指導，集団指導，個別指導に加えて，学びを支援するファシリテート，外部人材との連携を取りもつコーディネートなどの，子どもが主体となる支援の方法を意味する。子どもの側では，学習活動に対する主体的な姿勢，活発な対話などを意味する。留意すべきは，両者がそれらの行為を**学習する権利**として認識することである。

図 3 - 3 の①は，子どもが**探究的な見方・考え方**を働かせ課題を解決していく活動と，それを通して**社会参画**することを意味する。これは，教科教育で培った知識や技能などを生かして，学校や地域で実践的な活動をするということである。では，探究課題から子どもと教員に向かう①と②には，どのような意味があるのか。それは，探究課題から，両者が得る知的・情動的な影響の総体を意味する。たとえば，子どもが地域の被災の状況を初めて「知る」，その

遠因が地球温暖化にあることに「気づく」，防災・減災の具体的な方法を「考える」，被災地への支援が「できる」など，自身の生き方に影響するような学習につながる。それは，教員も同様である。一連の学習活動を通じて，問題の深刻さを学び，学校外で活躍する人々に出会い，世界にも視野を広めるなど，教材研究の醍醐味を十分に味わうことができるのである。

（2）「総合」における指導計画

指導計画には，単元計画と年間指導計画がある。授業づくりは，この2つの計画のなかで準備し実行されなければならない。

単元計画とは，課題の解決や探究的な学習が発展的に繰り返される一連の学習活動のまとまりである。これを立案することも授業づくりの基礎的な作業である。その際には，①子どもの学習経験に配慮する，②季節や行事など適切な時期を生かす，③各教科との関連を明らかにする，④学校外部の教育資源の活用および異校種との連携や交流を意識するが[3]，何よりも育成すべき**資質・能力**を見通して編成することが重要である。ただし，それは，学年当初に子どもと話し合って計画を立てたり，学習の過程で変更することもできる。

年間指導計画とは，1年間の流れのなかに単元を位置づけて示したものである。どの時期に，どのような学習活動を，どのくらいの時間数で実施するかなど，年間を通した学習活動に関する指導の計画が示されている。図3-4は，ある小学校の年間指導計画である[4]。各単元は「森林調査隊」（4～7月），「SATOYAMA博士になろう」（9～11月），「里山の未来を考えよう」（1～2月）である。中心にある「総合」は，各教科・領域と矢印で結ばれているが，これは教育内容のつながりと**関連指導**を意味する。

社会に開かれた教育課程とは，この年間指導計画を対象にするといってよい。これを地域と共有することで，学習活動への参加を求めるとともに，地域と連携しながらよりよい学校教育を創っていくのである。したがって「総合」は，学校をとりまく地域・社会における人・もの・ことを視野に入れて教育課程を編成し，授業を実践していく必要がある。

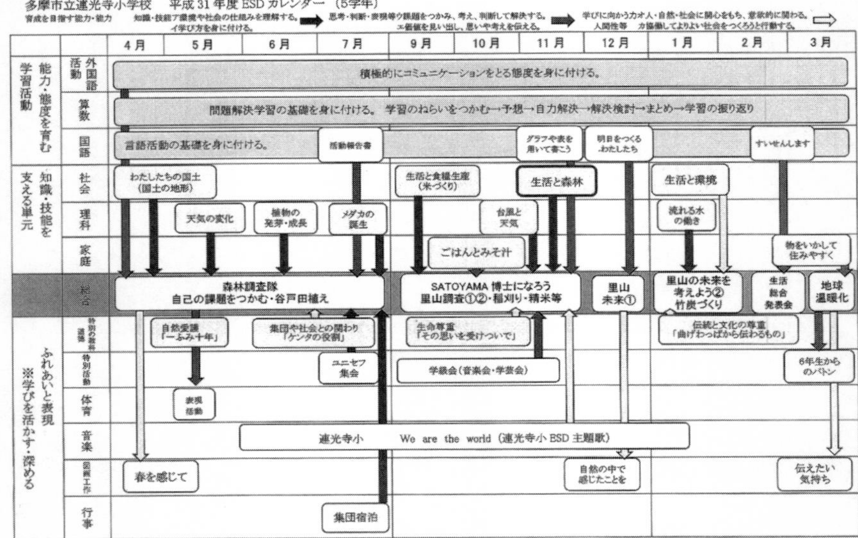

図3-4　総合的な学習の時間の単元計画・年間指導計画（ESDカレンダー）

（3）「総合」の成果と課題

2018年の中央教育審議会教育課程部会の資料(5)では，以下のような成果（上段）と課題（下段）のまとめを公表している。

> ①「総合」の取組が，知識・技能の定着と思考・判断・表現力の育成の両方につながっている。
> ②「総合」の取組が，各教科等における探究的な学習の根幹になっている。
> ③「総合」は，PISA調査（OECD）の好成績につながったと国際的にも高く評価されている。
> ④2015年度全国学力・学習状況調査から，「総合」に積極的に取り組む児童・生徒ほど，教科の平均正答率が高いという結果が出ている。

この資料では，OECD教育局長のA. シュライヒャーによる「過去15年の日本の学力向上は，総合学習の成果だと考えると説明がつく。シンガポールや上海では，総合学習のような探究的学習を日本以上に優先してやっている」「日本の新しい学習指導要領では関連づける学びが重視され，総合学習は重要な手段となる」（『読売新聞』2017年8月11日付）との発言を引用して，「総合」の価値を強調している。これは，教育政策の側面（PISA 調査・全国学力・学習状況調査）からの評価といえる。

①「総合」と各教科等との関連が不十分な学校がある。
②学校により指導方法の工夫や校内体制の整備等に格差がある。
③探究のプロセスの中で「整理・分析」，「まとめ・表現」に対する取組が不十分である。
④社会に開かれた教育課程の実現に向け，実社会・実生活に係る課題をより積極的に取り扱うことが必要である。

上記の②は，とくに中学校や高等学校に求められる課題である。たとえば，教科の専門性が高い教員が，その垣根を超えて「総合」に取り組む校内体制が十分にできていないこと，専門外の教科と関連づけて教育課程を編成するという作業自体に不慣れなことが背景にある。③は，授業に関する課題である。教員と子どもが探究的な学習に耐えうる課題を設定することがむずかしく，「主体的・対話的な」授業が形式的なグループ学習に陥って，「深い学び」にまで発展しないことが多い。①と④は，教育課程に関する課題である。関連指導は行うにしても，教育内容と指導方法の系統性を各学校の努力で構築しなければならないこと，地域や外部機関との連携が逆に教員の負担を重くすることも大きな課題である。

第3節　ESD と総合的な学習／探究の時間

学習指導要領前文の「持続可能な社会の創り手」を育成するという理念は，2030年に向けたSDGs の国内／国際的な取り組みと交響し，その理念を各教科・各領域の教育に意識的に波及させる必要がある。とりわけ，ESD はSDGs 17目標を達成するための意識の啓発や教育活動の推進を担う重要な位置にある。すでに，社会科や家庭科などを中心に**持続可能な社会**に関連する内容が入ったが，なにより ESD に取り組むときに中心的な役割を担うのは「総合」である。

（1）なぜ，「総合」が重要なのか

2016年の国内実施計画において，ESD は「人類が将来の世代にわたり恵み豊かな生活を確保できるよう，気候変動，生物多様性の喪失，資源の枯渇，貧困の拡大等，人類の開発活動に起因する現代社会における様々な問題を，各人が自らの問題として主体的に捉え，身近なところから取り組むことで，それらの問題の解決につながる新たな価値観や行動等の変容をもたらし，もって持続可能な社会を実現していくことを目指して行う学習・教育活動」(6)と定義されている。ここから，ESD が対象とする問題の幅広さ，価値観と行動変容の重視，そして社会構築への展望といった特徴がみてとれる。そこには，20世紀の大量生産・大量消費の資源浪費型社会から，環境容量の限界内で経済と社会の統合的な発展をはかる21世紀型社会への転換の意志が込められており，表３-１のような価値観をもつ地球市民の育成が志向されている。

では，「総合」はなぜ ESD 推進の中心的役割を担うといえるのか。その第一の理由は，探究課題のとらえ方にある。学習指導要領の解説では，探究課題例示①の「現代的な諸課題に対応する横断的・総合的課題」（国際理解，情報，環境，福祉・健康など）を，「持続可能な社会の実現に関わる課題」と説明しており，現代社会に生きるすべての人々が，これらの課題を自分ごととして考え，よりよい解決に向けて行動することを求めている(7)。また，例示②の「地域や学校の特色に応じた課題」（町づくり，伝統文化，地域経済，防災）は，子どもが自己の生き方と関係づけながら，その解決に向けて地域社会で行動していくことを求めている。つまり，探究課題そのものが持続可能な社会づくりに関する内容を含むものであり，それを意識して取り組む学習がそのまま ESD の授業につながるのである。

第二の理由は，教育課程の編成にある。ESD は，一単元の授業を実施すれば子どもにその価値観が育成できるわけではなく，各教科と各領域の関連指導がなされた教育課程に基づく授業によって，初めて体系的な ESD の授業が展開できる。日本の ESD では，これを**ホールスクール・アプローチ**として学校運営や学校組織・環境整備の問題としても理解している(8)。これまでの学校

表3-1　21世紀社会の価値観

	20世紀（Egoの世紀/Brownの社会）	21世紀（Ecoの世紀/Greenの社会）
環境	化石燃料エネルギー 自然破壊・開発，種の減少と絶滅 公害，気候変動の発生と激化	再生可能エネルギー 自然保護・保全，生物多様性 アメニティ，気候変動への適応と抑制
経済	大量生産・大量消費 高度経済成長 不均衡貿易，貧困（GDP）	資源循環型生産・消費 定常経済・低成長 公正な貿易，ゆたかさ（GNH）
社会	男女格差，戦争・対立 ピラミッド型組織，パターナリズム 国家，トップダウン	ジェンダー平等，平和・対話 ネットワーク型組織，パートナーシップ 地域，ボトムアップ

教育を振り返るとき，教育内容の重なりや資質・能力のつながりで教育課程をとらえる意識が希薄だったことを考えれば，持続可能な学校／地域／社会づくりなどの主題を軸として既存の教育内容を組み換え，実践するようになったことは貴重な一歩である。

第三の理由は，探究的な学習のなかで，地域での参加・行動を求めていることである。教科教育は教室内での学習が一般的であるが，「総合」は教室から地域に出て，人と話す／聞く，ものにふれる／出会う，できごとを調べる／体験するなどの実践的な行動をともなう授業が推奨される。これは，グローバルな諸課題（気候変動，生物多様性の喪失，資源の枯渇，貧困の拡大など）を，ローカルレベル（地域）で解決する行動に取り組み，自分の認識と生き方を**変容**（Transform）させていくESDに重なる。まさに，“Think Globally, Act Locally”そのものといってよい。学校教育のなかで，参加・行動を実践する教育活動を計画することは，政治的な問題に行き着く場合があるので慎重を期すべきではある。しかし，**主権者教育**や**シチズンシップ教育**などが議論されている現在，子どもの納得と合意を得て，地域・社会の現実的な課題を解決する学習は積極的に検討するべきである。

以上の3つの理由から，「総合」はESDの中心的役割を担うといえる。

（2）ESDの授業をどのように創り出すか

では，ESDの授業は，どのように創り出していけばよいのだろう。

まずは，従来の教科や「総合」の授業と比較しながら，その問いについて考えていこう。たとえば，そこに試験管などの実験器具があれば理科の授業であることはひと目でわかる。同様に，調理器具が並んでいれば家庭科の授業だと見分けがつく。ところが，ESD の授業といっても一般的な「総合」となんら変わりはなく，先の教科のような特徴を明瞭に示すことはできない。その理由は，ESD の独自性が，前節でふれた探究課題，教育課程，行動変容といったソフトの部分にあるからである。

ESD の授業を構想する場合，あるユネスコスクールの学習指導案が参考になる。これは，社会科との関連指導をはかった「総合」の指導案である[(9)]。この授業には，図 3 - 1 の伝統的な指導案に比べて，いくつかの新しい視点がある。その第一は，設定された探究課題の広がりと深さにある（図 3 - 5）。そこでは，『世界に向けて羽ばたこう』という単元名のもとで，多様な地球規模の課題（紛争，難民，差別など）を対象にすえて，「平和」という概念を考えさせようとしている。この70時間の長期的な学習を続けていけば，抽象的な「平和」概念が実感を伴った具体的な概念として理解されていくだろう。また，この授業に正解はない。むしろ，課題の複雑性や多面性に直面して最後まで「解」が見つからない状態が続き，新たな課題が出てきて終了する可能性もある。この**オープンエンドの学習**は，子どもにもやもやとした思いを残すが，それがかえって次の学習への意欲と問題意識につながっていく。

その第二は，**授業デザイン**という名称にある。従来の授業は，教員主体の指導案を基本としていた。しかし，デザインという言葉が下絵，素描という意味（広辞苑）であることから，子どもとの相互行為によっては，その場で柔軟に計画を変更したり，目標から遠回りして逸脱する学習もありうる。むしろ，子ども主体の授業に転換していく積極性が，その名称に込められている。それは，この指導案が**話し合い活動**を重視していることからもわかる。子ども一人ひとりが固有の考えをもち，それを交流させることによって，ちがいを認め合い，新たなアイデアを出し，相互に評価しあうという関係性を意図的に創り出しているのである。そこには，子どもが個々で学習するのではなく，共同的に平成年 30 度 西田小学校校内研究 ＜研究主題＞ 自ら気付き・考え・行動する子の育成 ～教科等横断的な学習過程を通して～　1

第６学年 総合的な学習の時間

世界に向けて羽ばたこう

単元目標

○地球規模の課題（紛争、難民、差別等）に関心をもち、その状況、原因等を調べ、情報を関連づけて整理したり分析したりすることを通して、物事を総合的に捉える力を育てる。
○世界の国々の文化や日本との結びつき、歴史、平和活動等を調べることを通して、目指すべき平和の在り方を多面的に捉えることができる。
○社会の一員として、平和な社会に向けた活動に取り組むことを通して、持続可能な社会の実現に向けて問題を解決していく行動力を育てる。

児童の実態

①価値観について

児童は、「平和」について、飢餓状態でない（18名）、健康で、安心して満足に暮らせる（21名）、安全に暮らせる（22名）、戦争などがない（29名）といったイメージで捉えている。しかし、教育を受けられる（2名）、貧困でない（1名）、適切な良い仕事がある（4名）、国際協力（1名）と、平和の視点としてもてていないものもある。また、それぞれの視点について関連付けているのは２名で、その他の児童は個別に思いつくままに書いており、紛争、難民、差別などの問題の原因や因果関係等についての理解は不十分である。他に、自身の周りの「平和」として、楽しい・笑顔（16名）、協力（10名）、仲良し（10名）、いじめがない（6名）などが挙げられた。持続的な平和を目指すにあたり、紛争が起こる原因や影響を捉え、平和な社会の構築に向けて必要なことを理解し、自ら平和な社会の実現に向けて関わっていこうという姿勢を引き出していきたい。

②「気付く」について

第５学年では、持続可能な社会の実現に向けて、「環境」という側面から追った。環境問題による影響、原因、対策等を調べ、整理分析することで、環境問題の全体像を総合的に捉え、その後の行動につなげることができた。これらの学習経験から、「世界の子どもたちのくらし（ユニセフ）」の写真を見た際には、「なぜ、このような状況になっているのか。」「なぜ、戦争が起きたのか。」などの原因を探ろうとする疑問が出てきた。これらを土台として、４枚の写真は、世界の平和問題のほんの一部分を切り取っただけであることに気付き、「平和」という視点で社会状況を捉え、追究すべき問いをもつ姿を引き出したい。

単元観

本単元では、SDGｓの 16 の目標に関連させて、平和という側面から持続可能な社会の創造を目指す資質・能力の育成を目指していく。第１次では、地球に起こっている紛争、難民、差別等の問題に関心をもち、「世界で今起こっている紛争、難民、差別等の問題」について、資料を調べたり、ユネスコや UNHCR（国連難民高等弁務官）など、世界の平和に向けた活動に取り組んでいる団体の話を聞いたりすることで、理解を深めていく。また、調べたことを関連付けたり、様々な平和の問題の根源を探ったりすることを通して、紛争、難民、差別等の問題の全体像を総合的に捉えられるようにする。

第２次では、「目指すべき平和の在り方」について、社会の「世界の中の日本」などと関連させ、外国との関係で大切にすべきことや、日本が戦後どのように平和を築いてきたのか等を捉え、よりよく平和についての価値観を広げることができるようにする。また、国語の「学級討論会をしよう」の中で、平和に向けた行動の仕方の方向性について考えを深めていく。

第３次では、第２次で見いだした平和に関する価値観を指針として、「平和な社会の実現に向けた自身の関わり方」を考え、行動する。その際、国語の「未来がよりよくあるために」と関連させ、「世界をどんな未来にしていきたいか」ということについて、自分なりの意見をもち、それを行動に反映させられるようにする。

このように、問題解決の過程を３回繰り返す中で、平和についての価値観を広げていくとともに、問題解決の仕方を身に付け、持続可能な社会の実現に向けて、自らの役割を自覚し、行動する力を育んでいきたい。

評価規準（ESD の観点から）

学習過程	観点	評価規準 1紛争・難民・差別等に対する理解	2目指すべき平和の在り方についての理解				3平和な世界に向けた行動
課題の設定	[illegible]	1 「平和」という観点で、身の回りの事象を見つめることができる。 2 「世界の子どもたちのくらし」の写真を通して、人々の暮らしを想像し、興味・関心をもつことができる。					
	課題を見つける力	3 「平和な社会」を築くために、どんなことを追究していくべきか、また、追究していくべき問いの順を考える。	10 国際社会が抱える問題の解決に向け、必要なことを考える。				24 平和な社会の実現に向け、自分たちの関わり方について考える。
	課題解決のための計画を立てる力	4 戦争で起こる反平和の状況を捉えるために、調べるべきことを挙げ、学習計画を立てることができる。	11 平和な社会の実現に向けて、調べるべきことを挙げ、学習計画を立てることができる。				25 持続的な平和という目標に向けて、情報の収集、整理・分析、行動という問題解決の過程を踏まえた活動計画を立てることができる。
情報の収集	目的に応じて情報を収集する力	5 世界で起こっている紛争・難民・差別等の問題とその影響、原因等を資料、本、新聞、新聞記事等を用いたり、ゲストティーチャーの話を聞いたりして調べることができる。 6 平和の必要性を訴う人々に思いを巡らせ、共感することができる。	12 世界の国々の文化や生活の様子について資料等を活用して、調べることができる。	15 平和祈念資料館の見学を通して、戦争が与える影響を調べることができる。 16 戦争体験者の話を聞いて、戦争の悲惨さに思いを巡らせ、共感することができる。	18 JICA「地球のひろば」の見学を通して、平和に向けた活動や活動する人の思いや苦労を調べることができる。	21 戦後、日本がどのようにして平和を取り戻したのかを調べることができる。	26 目標達成のために必要な情報をアンケートやインタビューなどを通して収集することができる。 27 地域、行政区、区役所、日本、企業、ボランティア団体等が取り組む平和に関する取り組みについて、広く情報を収集することができる。
情報の整理・分析	情報を整理・分析する力	7 世界で起こっている紛争・難民・差別等の問題とその影響、原因について、因果関係を整理し、問題の根源を探ることができる。 8 調べた問題を関連付け、世界で起こっている紛争・難民・差別等の問題が起こる根源を総合的に捉えることができる。	13 調べたことを交流することを通して、世界は多文化社会であることを捉えることができる。		19 平和に向けた活動について、資料等を用いたり、ゲストティーチャーの話を聞いたりして調べることができる。		28 調査結果を整理・分析し、今後の活動について考えることができる。 29 各取り組みについて長所や目的ごとに整理・分析することができる。
行動	課題解決のために行動する力						30/31 持続的な平和のために、自分が考えた取り組みを実行するための準備をしたり、行動したりすることができる。
まとめ・表現	自分の考えをまとめ、表現する力	9 調べた反平和の状況を基に、「平和」について、自分の考えをまとめることができる。	14 外国との関係で大切にすべきことについて、自分の考えをまとめることができる。	17 戦争中の日本の様子を基に、平和について考えたことをまとめることができる。	20 世界の平和と発展のために大切なことについて、自分の考えをまとめることができる。	22 これからの日本が目指すべき方向性について、自分の考えをまとめることができる。	32 持続的な平和のための活動の成果と課題をまとめ、発表することができる。 33 これまでの学習を振り返り、問題解決の仕方の成果と課題をまとめることができる。
			23 14、17、20、22 でまとめたことや国語の学級討論会を振り返り、平和な世界に実現に向けた行動の仕方の方針について、自分の考えをまとめることができる。				

平成年 30 度 西田小学校校内研究 ＜研究主題＞ 自ら気付き・考え・行動する子の育成 ～教科等横断的な学習過程を通して～　2

本時の授業デザイン（4時間目／70時間）

本時の目標

世界の子供の状況を見て、疑問に思ったことや予想したことをもとに、学習課題を設定することができる。

評価規準と手立て

評価規準 課題を見つける力

●平和な社会の創造という視点で、世界の子供の状況を捉え、追究すべき課題を設定することができる。

手立て1：平和な社会の創造という目標に対し、写真の状況はどうか感想を述べ合い、目標を達成するために何を追究していくとよいか考えさせる。
◎平和な社会の創造という目標に向け、追究すべき問いを見出している。
　⇒どのような順で追究していくとよいか、考えさせる。
○一つの写真に限定した問いを立てている。
　⇒一つの国の平和も大切だが、地球全体の平和を目指すためには、何を追究していくとよいか考えるよう助言する。
△問いを見出すことができない。
　⇒5年生の時に持続可能な社会の実現に向けて、環境という側面からどんなことを追究したか、ファイルを見て振り返るよう助言する。

手立て2：「ふりかえりの視点」を提示し、今日の学習は問題解決の過程のどの段階だったのか、児童自身に判断させる。また、「よくできた」「できた」「あまりできなかった」を選択させ、その理由を書かせる。
◎ふりかえりの視点②を選択している児童
　⇒何に着目して、追究したい課題を見付けたかを明らかにさせる。また、見付けられなかった場合は、何に着目すべきだったかを振り返るよう助言する。
○ふりかえりの視点①を選択している児童
　⇒疑問や感想をもったことから、何をグループで話し合ったか、振り返るよう助言する。また、どんな疑問や感想が課題につながったか、考えさせる。
○ふりかえりの視点⑤⑥を選択している児童
　⇒調べたこと（疑問・予想）をどのように整理し、課題（考察）につなげたかを振り返るよう助言する。
△ふりかえりの視点で上記以外を選択している児童
　⇒今日のめあては「学習課題を設定する」であったことを確認し、①②⑤⑥の中から選んで振り返りを書くよう助言する。

学習の流れ

① 導入

◆全体で学習のめあてを確認する。
○世界の子供の状況を切り取った写真を見て出し合った疑問やそれについての予想をもとに、学習課題を設定する。

② 展開

◆平和な社会の創造という目標に向けて、追究すべき課題を話し合う。
○4つの国の子供の状況を見てどう感じたか、感想を述べ合う。
・家が爆弾で壊されるなんて、平和でない。
・栄養不良になってしまうほど、貧しいなんてつらいと思う。
・世界は、平和とは言えない。　など

○4つの写真の状況を振り返り、追究すべき課題をグループで話し合う。
・世界の子供たちは、どんな生活をしているのか。
・なぜ、こんな暮らしをしているのか。
・周りの大人は、助けてくれないのか。
・国やオイスカのような団体は、何かしてくれていないのか。

○グループで出し合った課題をもとに、追究すべき課題を整理し、目標に向けた道筋を話し合う。
・平和に関する世界の現状の把握
・紛争、難民、差別等の原因
・紛争、難民、差別等への対策
・紛争、難民、差別等への国や人々の対応
・一人一人が平和な社会の創り手になるためには

◆課題を設定する。
・世界にはどんな平和問題があるのか。また、その背景は何か。
・平和に向けて、社会はどのような取り組みをしているのだろうか。
・一人一人が平和な社会の創り手になるためには、どうすればよいのか。

③ 終末

◆今日の学習を振り返る。
○問題解決の学習過程のどの段階だったかを自分で選び、それについての振り返りを書く。

図３－５　ESD 授業の学習指導案

学習を進めていくスタイルが読み取れる。これを，「主体的・対話的で深い学び」の授業として表面的に理解するのではなく，ESD の根幹にある**参加型民主主義**の価値観とプロセスの学習という幅広い文脈のなかでもとらえるべきである。

第三として，ESD が〈教育〉であるならば，何より重視されるべきは「子どもがどのような成長と発達を遂げるのか」という**人格形成**の視点である。それを強調するのは，とかく ESD が社会構築の学習と理解され，それをあまり議論しない傾向があるからである。図 3 - 5 の指導案を例にとれば，子どもが世界の諸問題を通して「平和」について考えるのは，たいへん意義のある授業である。今後，いっそうのグローバル化が進む社会のなかで，このようなものの見方・考え方を獲得することは不可欠でもある。しかし，この大きなテーマを学ぶ前に，教員は「目の前の子どもに，どのような意味をもつのか」と考えなければならない。〈子ども〉とは，けっして抽象的な存在ではなく，一人ひとりが個性をもち，さまざまな喜怒哀楽を経験し，日々の暮らしを生きるきわめて具体的な存在である。1 つの教室には，家庭の貧困に悩む子，外国にルーツをもつ子，性の不一致で悩む子，大人の虐待を経験した子，引きこもりや不登校の子，発達障害で悩む子など，多様な個性や事情のある子どもが存在している。であるならば，「この授業を通して，どのように生きる意欲を引き出すのか，変容してほしいのか」という視点から，授業デザインの基軸に**人間の持続性**と**人間能力の持続的発達・成熟**(10)の柱をしっかりと立てるべきであろう。つまり，SDGs 17目標にある世界の諸課題が，外国の問題だけではなく，じつは身近な教室にこそ潜在していることを自覚して，子どもの現実から，授業を出発させなければならないのである。

（3）ESD の教育課程編成をどのように創るか

ESD は，当該学校の教育課程に位置づけたうえで，中・長期的に継続して実践されなければならない。各学校が質の保障された教育活動を継承していくという意味と，それを地域と協働で取り組むという意味で，教育課程の編成は教員と地域の双方にとって重要なことである。

表3－2　ESDの教育課程の形態

	授業 / 学校・教員	1単元	複数単元	全単元
A	・1人の教員（学級担任・教科担当）	Ⅰ	Ⅱ	Ⅲ
B	・複数の教員（学年連携・教科間連携）	Ⅳ	Ⅴ	Ⅵ
C	・全員の教員（学校内連携）	Ⅶ	Ⅷ	Ⅸ
D	・1人/複数/全員の教員（学校—地域間連携）	Ⅹ	Ⅺ	Ⅻ

ESDは，一人で実践する場合もあれば，教員同士が協力して実践する場合もあり，それは各学校の事情によって異なる。表3－2は，一般的な学校がESDに取り組む場合の教育課程の形態を整理したものである。たとえばA–Ⅱは，1人の小学校の学級担任が目標15「陸の豊かさも守ろう」のもとで国語科と生活科の単元をつないで学習する独自の教育課程を編成する。B–Ⅳは，中学校社会科と理科の教員が目標7「エネルギーをみんなに，そしてクリーンに」のもとで，学習内容の重なりを意識しながら教科等横断型の教育課程を編成する。これらは，取り組む時間が数週間程度の比較的短期の授業となるだろう。

いっぽうC–Ⅸは，学校長が学校教育目標にSDGsを位置づけて，すべての教科・領域に「持続可能な社会づくり」の理念や方法を組み込んだ教育課程を編成する。同様にD–Ⅻは，地域や学校外の団体や機関と連携するために，それを安定したシステムとして起動できるよう長期的な視野をもった教育課程が編成されなければならない。それらは，数年間以上の中・長期的な授業となるだろう。

表3－2では，下段にいくほど体系的な教育課程が求められ，学校全体の組織の整備が必要である。しかし，A段のように，一人の教員がESDを気軽に試行することもできることを忘れてはならない。

（4）ESDをどのように地域で実践するか

一般的に**地域**とは，その学校をとりまく**学区・校区**をさす。そこで探究的な学習を行うならば，伝統的な食文化を調べて名産品として販売するプロジェクト型の授業，希少野生生物の保護活動の体験から生物多様性を学ぶ授業，担い手が減少する伝統舞踊を継承し地域を活性化する授業など，全国各地で多様な授業が実践されている。また，農業に従事する人に米や野菜の育て方を教わる，外国にルーツをもつ保護者に母国の文化を聞く，企業のCSR担当者と商品開発について意見交換するなど，地域の人々の協力を得られれば学びが広がる。あるいは，動物園で飼育員の職業体験をする，科学博物館の職員と化学実験を体験するなど，社会教育機関の専門性を生かせれば学びも深まる。このように，目を凝らせば，地域には多様で価値ある**教育資源**が潜在していることがわかる。

ESDを実践するときは，「学校と地域の連携」から，「学校を拠点とした**持続可能な地域づくり**」に発展することが望まれる。それは，グローバル化する現代社会において，地域の自然・社会・文化的資源を再評価し，住民が主体となって地域を内発的に発展させるための取り組みである。全国の自治体では，エネルギーの地域内循環，農産物の6次産業化，環境配慮型の観光産業の立ち上げなどのさまざまな取り組みが展開されている。大都市への一極集中によって地方が疲弊している現在，学校教育も持続可能な地域づくりの一翼を担う場合がある。つまり学校が，その地域の維持と再生に尽力する人，地域の価値と資源を社会に発信していく人，その地域に入って活性化できる人を育成する役割を求められるということである。

いっぽう，学校自体が持続可能な地域づくりを発信する拠点となる可能性もある。たとえば，校内園での堆肥づくりと農産物の販売，廃棄物減量によるCO_2の削減，脱プラスティックの取り組みなどの環境容量の限界内で教育活動に取り組む学校，外国人保護者を囲んだ語学・文化講座，子ども食堂を通じた多世代間交流，高齢者への昔話（遊び，暮らし，戦争体験）の聞き取りなどの多文化・共生に取り組む学校なども出てくるだろう。加えて，近年の気候変動の影響から，自然災害の知識や情報を提供し，望ましい避難所運営のあり方を考える学校も増えてくるだろう。それは，すでに学校施設の一部が公民館や学童保育，高齢者施設などと共用されている事例からも容易に想像できる。

ただし，ICT による**遠隔通信の授業**が広がるとき，従来の学区・校区を意味した「地域」は，さまざまな人と人との関係性が交差するモニター上の「学習空間」に変わる場合がある。それは，子どもが遠隔通信で交流した外国人の居住する国に親しみが湧いたり，他校の子どもが実践する活動に参加したくなったりする授業が1つの例である。とりわけ地域との関係が希薄な大都市圏では，このような事例を増えていくのではないか。したがって，社会に開かれた教育課程の「社会」とは，第一義的に地理的な「地域」を意味するが，子どもによる交流／発信／活動に関する「学習空間」の意味も含むようになる。

これらの事例は，人口減少社会に移行する過程で，学校が子どもの教育だけに専念する時代，教員だけで運営できる時代は，過ぎ去ろうとしている証しではないか。その意味で，地域での拠点施設，多様な主体が関与できる教育施設として，ESD の観点から「学校」をとらえ直す時代がすぐそこに迫っている。

第4節　ESD の授業の課題と展望

ESD の授業を構想し実践する際に，今後考えておくべき論点がある。それは，気候変動による地球温暖化問題の深刻化である。それをふまえて，今後の ESD の授業はどのような課題と展望をもつのだろうか。

世界では大規模な自然災害（豪雨，地震，火災など）が毎年のように起きている。IPCC（気候変動に関する政府間パネル）の第5次報告書では，「気候システムの温暖化に疑う余地はない」と言及し，その原因が気候変動にあることはもはや常識となっている。自然災害に対して，日本では阪神淡路大震災と東日本大震災の経験を教訓に，**防災教育**の充実という枠組みで，その対策を検討してきた。たとえば，学校安全計画に位置づける，避難訓練の質を向上させる，各教科と各領域の連携がとれた指導を図るなど，社会と学校の危機意識は年々高まっている。しかし，一般的な学校では，地域の危険箇所を調べる授業，自然災害から避難する授業にとどまる事例が多いものと思われる。もちろん，それらは適応策として必要な教育活動ではあるが，自然災害の原因は何か，地球全体で何が起こっているのか，長期的な視点で減少させるためには何が必要かといった**気候変動に関する教育**が，体系的に行われている事例は数少ない。EU圏で先進的な教育が行われている現状と比較すると，日本は世界から周回遅れのランナーになっているのだ。気候変動の問題は，１つの環境問題ではなく，私たちの社会，経済，文化に多大な影響を与える，まさしく**地球の持続可能性**にかかわる重大な問題なのである。

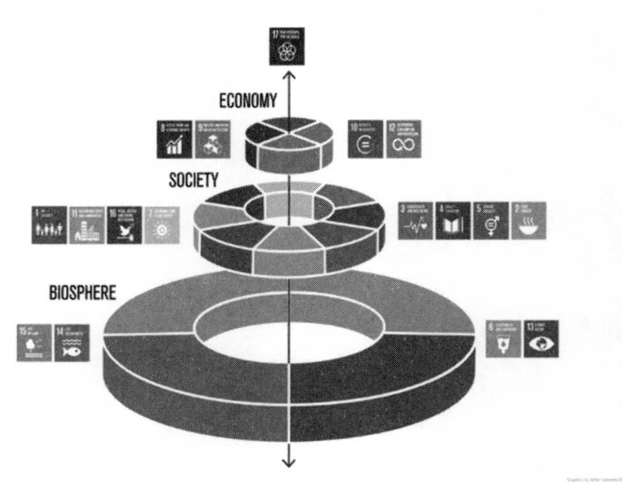

図３-６　SDGs 目標のケーキモデル

本来，SDGs の17目標は，図３-６(11)のようなケーキの形に整理しなおしたほうが，各目標の関係性が明確になる。環境（Biosphere）が土台となって，私たちの社会（Society）と経済（Economy）を支えていることをふまえれば，その土台を揺るがす気候変動問題こそ，今後の学校教育のなかで何よりも最優先に行われなければならない。とりわけ，「総合」での本格的な実施が，21世期の社会のなかで強く求められることになるだろう。

その意味で，「総合」は，**持続可能な社会のための学習**と言い換えても過言ではないのである。

演習問題

① １つの SDGs 目標を選んで，探究課題を立ててみよう。
② その探究課題をもとにして，10～15時間扱いの学習指導案を作成しよう。

参考文献

日本環境教育学会他編『事典　持続可能な社会と教育』教育出版，2019年
今井むつみ『学びとは何か―〈探究人〉になるために』岩波書店，2016年

注

（１）細矢智寛「授業」『教職概論―包容的で質の高い教育のために』学文社，2019年，74-75頁。
（２）河崎美保「探究学習」大島純・千代西尾祐司編『学習科学ガイドブック』北大路書房，123頁。
（３）文部科学省『中学校学習指導要領（平成29年告示）解説　総合的な学習の時間編』東山書房，2018年，90-94頁。
（４）東京都多摩市立連光寺小学校ウェブサイト　http://schit.net/tama/esrenkouji/?page_id=36（2020年１月26日閲覧）。
（５）文部科学省ウェブサイト https://www.mext.go.jp/b_menu/shingi/chukyo/chukyo3/004/siryo/__icsFiles/afieldfile/2018/10/10/1409925_4.pdf（2020年１月26日閲覧）。
（６）持続可能な開発のための教育に関する関係省庁連絡会議，『我が国における「持続可能な開発のための教育（ESD）に関するグローバル・アクション・プログラム」実施計画（ESD 国内実施計画）』１頁。
（７）注（３），70頁。
（８）文部科学省『ESD 推進の手引き』20頁（https://www.mext.go.jp/unesco/004/1405507.htm；2020年１月26日閲覧）参照。
（９）東京都杉並区立西田小学校ウェブサイト参照。http://www.suginami-school.ed.jp/nishitashou/esd/esd.html（2020年１月26日閲覧）
（10）笹川孝一・牧野篤・荻野亮吾・中川友理絵・金宝藍「社会教育学の視点から ESD を問い直す」『環境教育』第24巻３号，2015年，10-11頁。
（11）ストックホルム・レジリエンスセンターウェブサイト https://www.stockholmresilience.org/research/research-news/2016-06-14-how-food-connects-all-the-sdgs.html（2020年１月26日閲覧）。

コラム　高校は「総合的な学習の時間」から「総合的な探究の時間」へ

高校の「総合的な学習の時間」で，何をやったのか思い出すのに時間がかかる人がいるだろう。それは，学習指導要領に「総合」の活動例として「自己の在り方生き方や進路について考察する学習」があげられていたので，適性検査・職業調べ・専門学校や大学訪問などの進路学習に多くの時間が割かれていたからである。卒業後の進路は多様で人生の岐路における重要な選択になるから，丁寧に進められてきたのだ。残りの時間は文化祭・体育祭など学校行事の準備や修学旅行などの事前学習と兼ねられていたことも多く，生徒が自ら課題を設定して探究する活動のほうは，おろそかになりがちでもあった。だから，「総合」の印象が希薄な人もいるのだ。

実社会では，さまざまな課題に対し知識や技術を駆使して他者と協力しながら解決を図ることが必要であり，その過程を経験して力を養う場として「総合的な学習の時間」の重要性が高まっている。そこで，2018年版高校学習指導要領では「探究の過程」を意識化させ推進するため，名称が「総合的な探究の時間」に変更された。進路選択は重要であるが，その先を見据え，生徒が主体性をもって豊かな社会生活を送るための資質・能力を養う場として学校が果たす役割は大きく「探究の過程」を重視する教師が増えることが期待される。

「総合」の記憶が薄い，「探究の過程」の経験に乏しい，教科書がないなどの理由から，指導できるかどうか不安に感じる人もいるかもしれない。そこで「探究」から「研究」ではなく「探検」をイメージしてはどうだろう。「探究」は成果をあげることが目的ではなく，その過程が重要だからだ。もちろん教材「研究」は欠かせないが，生徒に寄り添って一緒に「探検」する教師が増えることを願ってやまない。

ところで，高校では「総合」がなかった気がするという人もいるだろう。学習指導要領には「すべての生徒に履修させる」と規定されているのに時間割のなかに「総合」がない学校もあるのだ。たとえば，専門学科（工業科や総合学科など）では「課題研究」で，研究開発指定校（スーパーサイエンスハイスクールなど）では「学校設定教科・科目」で代替えしていることがあり，以下のグラフからも高校が多種多様であることがわかるだろう。これらの学校では「総合」がなくても，生徒主体の「探究の過程」を中心とした「総合的」な学習活動を工夫して実践している。その取り組みも参考になるはずだ。

［内田　隆（東京薬科大学）］

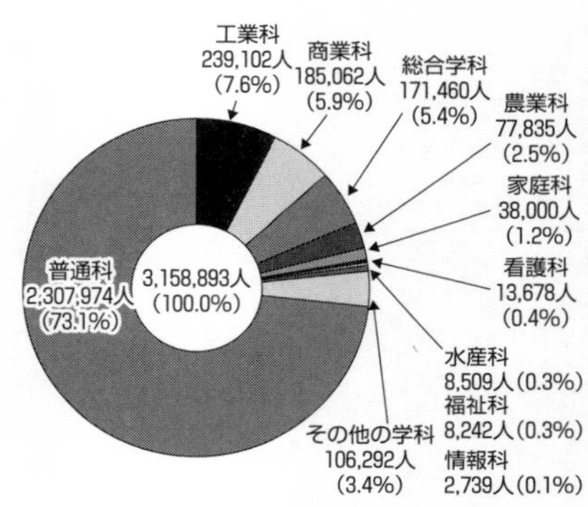

高等学校の学科別生徒数（本科）

出所：文部科学省「2019年学校基本調査」

第 4 章
小学校の授業―あちゃちゃ！ われわれお茶はかせ‼

今日，地球をとりまく環境は複雑でむずかしい問題が山積している。将来，これらの問題と正対するためには，「能動的に物事をとらえ，積極的に問題を解決しようとする主体性」が人々に根付いていなければならない。1996（平成8）年に文部省の中央教育審議会の第1次答申のなかで提唱された「生きる力」とは，そのような主体性の育ちと密接にかかわる力であり，「社会とのつながり」や「物事に対する実感」を通した学びのなかで子どもたちに具現化されていく力である。「総合的な学習の時間」（以下，「総合」）とは，本来そのような趣旨を受けて実践されるべきであった。しかし，「総合」が始まって以来，多くの小学校ではそのような教育活動は行われてこなかった。たとえば，「総合」が体験学習だけで終わってしまったり，学校行事の練習の時間として行われたりしている。これは「総合」が地域や学校，子どもの実態に合わせて独自の学習活動を展開できるという反面，教師の創造的な実践意欲が乏しい場合には，本来の趣旨とは異なる実践が行われてしまうというジレンマをもっていることを示唆している。筆者は，小学校教師として子どもが主体的（proactive）に問いと向き合い，対話的（interactive）な学びのなかでさらに問いとの向き合い方が深くなるような授業づくりをめざしてきた。実践した授業の多くは，一般的な小学校教育の枠組みにとらわれず，単元構成をしなやかに，そして子どもたちともに深く学んできた（deep learning）自負がある。また，前章までにあるESDの視点からも積極的に授業づくりを行ってきた。本章では，創造的な教育実践を展開しようとする教師の一助となるための授業デザイン，カリ

著者紹介

木下　智実（埼玉県所沢市立山口小学校教諭）

1981年生まれ。東京学芸大学大学院修士課程修了。東京都公立小学校教員，私立小学校教諭を経て現職。現在，早稲田大学大学院教育学研究科後期博士課程に在学中。第65回読売教育賞優秀賞（生活科・総合学習部門）受賞。所沢市立教育センターESD調査研究協議会委員。武蔵野令和対話の会代表。早稲田大学教師教育研究所招聘研究員。

キュラム・マネジメントの一端を筆者自身の「総合」の実践から示す。

第１節　社会を築くための姿勢や意志を育む「総合的な学習の時間」

（１）授業の概要

本実践では，主な教材として「お茶」を扱った。お茶は歴史的・文化的な知見の蓄積があり，子どもたちにとって比較的，情報を収集しやすい教材である(実践校は，狭山茶の主産地として有名な入間市に隣接しており，入間市立博物館はお茶を専門に扱っていることでも有名)。本実践の主人公である所沢市の子どもたちにとって「狭山茶」は地域の名産品として認知されており，子どもたちの多くは茶畑のそばを通りながら毎日通学しているほど身近な「材」であった。本実践では，狭山茶を出発点に，お茶にかかわることすべてのことを学びの対象とし，とくに①狭山茶の生産者の苦労や願い，②地域の人々の名産品への愛着，③お茶を大切にしてきた日本文化に焦点を当て，ほかの教科との関連しながら「総合的」に学んでいくことをめざした（図４-１）。

本実践の山場は，地元のお茶屋さんである見沢園の「狭山茶の良さをもっと若い人や地元の人に広めたい」という願いを受けて，子どもたちがその願いを実現する１つの方法として計画した「所沢市民フェスティバル（市民祭）でのお茶屋さん出店」にかかわる学びである。しかし，本実践が行われた当時に限り，お茶を「材」として扱うことにはきわめてむずかしい側面があった。東日本大震災の放射能問題である。当時は東日本大震災が起きた翌年度であったため，関東で栽培されているお茶の葉が放射性物質の汚染を受けており，販売が自粛・制限される状況だったのである。本実践の計画段階においても，販売するお茶の扱いについて慎重さが求められていたが，本実践ではあえてこの点についても子どもたちに判断を委ね，実践を築いていこうと考えた。それは，大人ですら容易に解決できない今日的な社会問題に対して，たとえ小学校３年生であっても真っ向からとらえ，考え，どう解決していくか，挑戦してほしいという教師の思い，そしてESDへの志があったからである。

（1）　本実践の単元名

「あちゃちゃ！　われわれお茶はかせ!!」（第3学年　総合的な学習の時間）

（2）　本実践における単元の目標

①所沢市の名産品である「狭山茶」を生産している地元のお茶屋さんの姿や工夫・苦労・悩みとの出会いを通して，よいものを作り続けようと努力し，自分の仕事に誇りをもっている生産者の思いを理解する。
②「お茶」の文化や歴史，産地ごとの特徴などを学ぶことを通して，「お茶」との関わり合いの中で発展してきた日本の文化や，お茶を通して関わり合ってきた人々のつながりを理解しようとするきっかけをもつ。
③所沢の名産である「狭山茶」を地域の人々により広めようとする活動や，より「お茶」について詳しくなろうとする活動を通して，自分なりの思いや考えをもち，友達と関わり合い，主体的に行動しようとすることができる。

（3）本実践における本単元の構造図

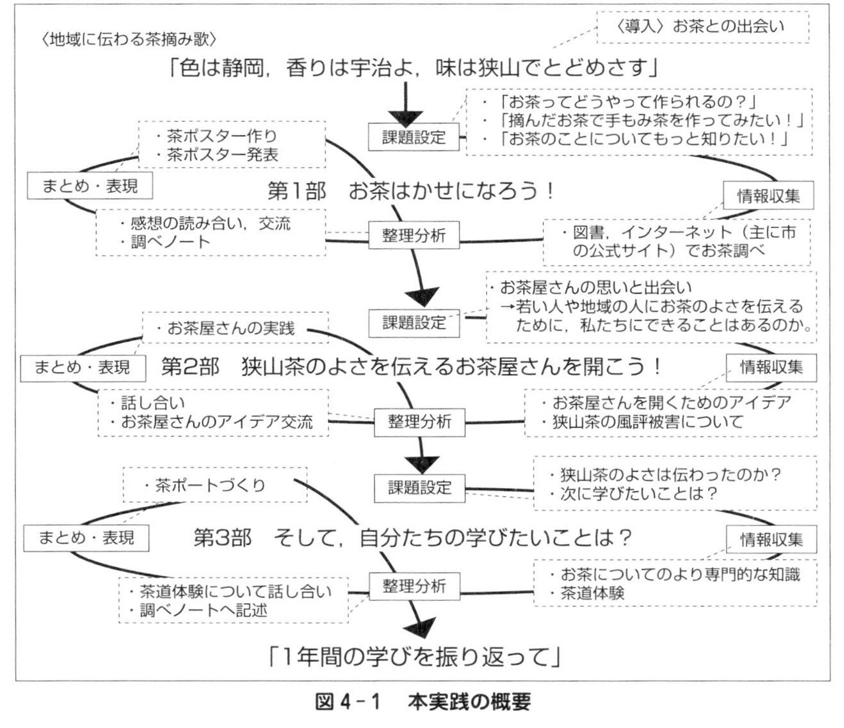

図4-1　本実践の概要

（2）本実践における具体的な指導の手立て

実践では，以下の２つの具体的な手立てを用いながら実践した。

①話し合いを支える「構成的な板書」と「名札マグネット」

「構成的な板書」とは，子どもの発言の奥にある本質的な価値やその言葉のもつニュアンスを大切にしながら要約して黒板に視覚化し，線や矢印，記号でつながりを付け足しながら構成的にまとめていく板書のことである（写真４-１）。一般的な板書は，授業で教えた内容を整然とまとめ，記録する点に重心がおかれているが，構成的な板書はまとめや記録の役割とともに「対話を促進する」という点を重要視している。構成的な板書において対話の促進は「自然と」行われる。それは，思考が視覚化，構成的にまとめていくことで，次に発言する子や授業に参加している子の考えが板書を参照して創られていくからである。とくに，子どもたち同士が話し合う授業，すなわち対話的な授業においては常に話題の焦点や話し合い状況が変わりつづける。それは，教師が黒板の前に立って行う「知識を教える授業」とは明らかに質が異なっている。対話的な授業では，教師は話し合いの状況を整理しつづけるファシリテータ（促進者）となることが求められ，たとえば板書で子どもたちの思考のつながりを視覚化したり，声かけによって話し合いの話題を焦点化することが求められる。構成的な板書は，子どもたちの思考を構成的に，そして，それらが自己参照的に扱われながら，結果としてその授業で生起した思考が構造的に表現される板書だともいえよう。

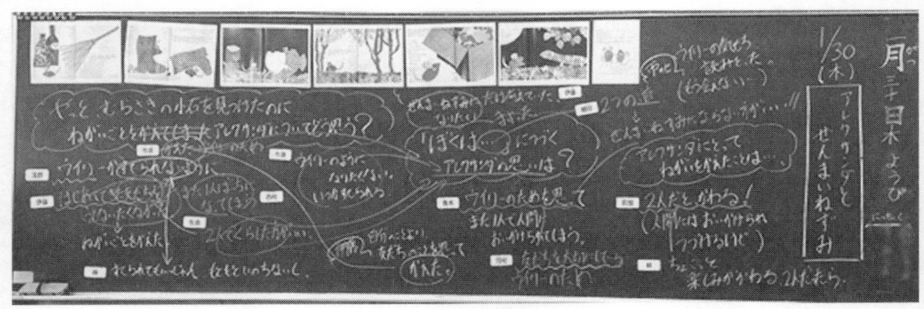

写真４-１　構成的な板書の例（２年生，道徳科）

さらに，「**名札マグネット**」を使うことで構成的な板書の機能はさらに高まっていく。名札マグネットとは，子どもの名前が書かれた札の裏にマグネットを取り付けたもので，主な使い方は，黒板に子どもの考えを書いたあと，近くに貼り，どの子がその考えを言ったかわかるようにするものである。黒板に子どもの発言の要旨を書いたあと，その発言者の名前を書いたマグネットシートを貼ることは，古くから行われてきおり，昭和後期から平成初期において横浜市の教師によって「名札マグネット」を利用し，地図や小黒板に自己の立場を明らかにする授業方法が開発されている[(1)]。名札マグネットが貼られた考えは，その子固有の考えとして認知されるため，たとえば「○○さんの考えに賛成で…」とほかの子からの共感や評価を受けやすくなったり，そのこと自体が発言した子の自信につながったりする。また，「○○さんの考えと似てるかもしれないけど…」と，子どもたちにとって親しみ，形容しやすい考えとなり，他者とのつながりを意識した考えや発言の土台となる。また，その子自身の考えの立ち位置を示すことにもつながり，どの立場で自分が，そして，他者が考えているか視覚的に理解するのに有効である。

②思考の共有と直感と論理の往還を促す「ふせふり」

ふりかえり（reflection）を書く際に，付箋（小さな紙）を使った（付箋でふりかえることから，子どもたちといつしか「ふせふり」と呼ぶようになった）。それはふりかえりをその子のなかだけで完結するのではなく，「他者と共有」することを目的としているからである。写真４－２のように，ふりかえりを一覧にして壁に掲示したり，印刷して子どもたちに配ったりすることで，他者が何を学び，どんなことを考えたかを知ることができ，さらに，自分の学びの意味づけにも大きな影響が与えられる。付箋の書き

写真４－２　壁に掲示したふせふり

方は，直感的な思考と論理的な思考が往還できるような仕組みにしており，①まず，付箋の上段に自分の思ったことを一言（直感的思考の表出，本実践においては「見出し」とした）で書き，②つぎに，なぜその一言を書いたのか理由や思い，説明（論理的な思考による熟考，解題）を書くようにしている（図４−３）。

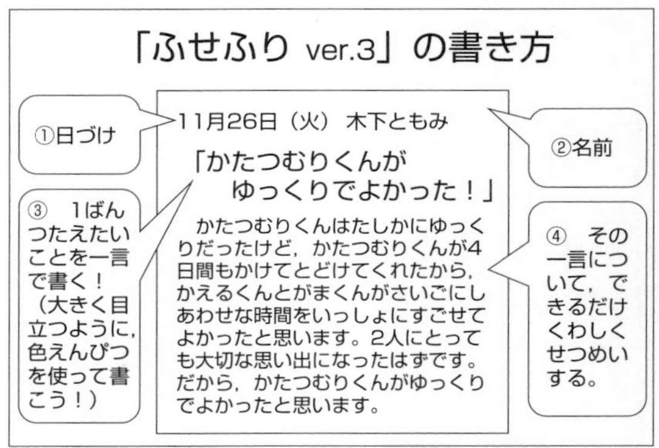

図４−２　ふせふりの書き方の説明

第２節　授業事例の紹介

（１）第１部「あちゃちゃ！　われわれお茶はかせ‼」の実際

2011（平成23）年４月，「色は静岡，香りは宇治よ，味は狭山でとどめさす」，埼玉県入間地区に伝わるこの茶摘み歌と出会った子どもたちは「お茶ってそんなに味がちがうの？」という問いとともに，いろいろなお茶を飲んでみたいという願いをもつ。そこで，近所のお茶屋さんである見沢園から狭山茶をはじめ，ほかに２つの産地（静岡，宇治）の茶葉を用意してもらいお茶の飲み比べを行った。子どもたちは，「お茶って作った所で味がちがうし，匂いもちがうんだ」という実感とともに，お茶への興味を高めていった。

５月，見沢園の協力を得て，お茶の製造工場とお茶畑を見学させてもらい，また，お茶畑ではお茶の葉摘みも体験させてもらった。実際にお茶の葉を摘んだところ，「摘んだお茶の葉でお茶を作ってみたい」という願いをもつ子が出てきた。そこで見沢園にお願いし，摘んだお茶の葉を学校に持ち帰り，次の日，自分たちで手もみ茶の作り方を調べ，実際に作ってみることにした。

６月，こうした体験活動を皮切りに，ますますお茶について関心を高めた子どもたちは，「お茶はかせ」になろうとお茶についての調べ学習を進めていく。

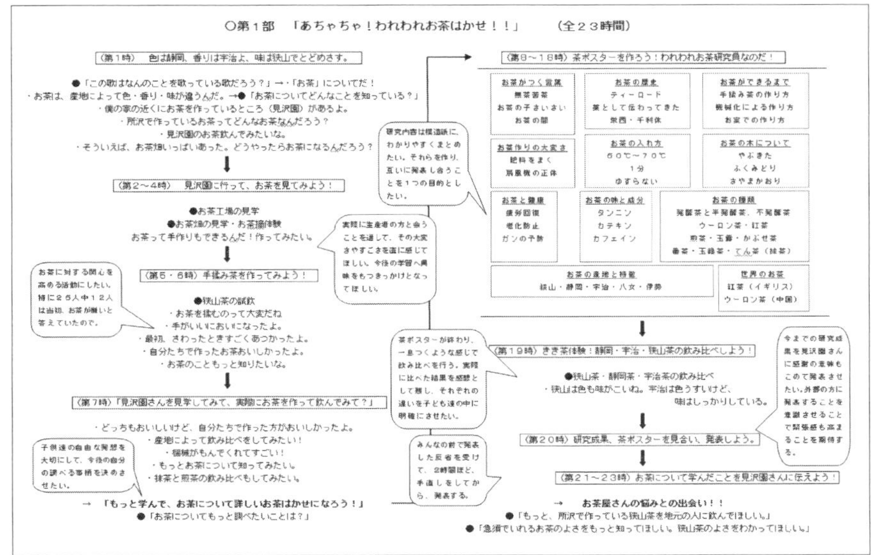

○第１部　「あちゃちゃ！われわれお茶はかせ！！」　（全２３時間）
（第１時）　色は静岡、香りは宇治よ、味は狭山でとどめさす。
●「この歌はなんのことを歌っている歌だろう？」→・「お茶」についてだ！
・お茶は、産地によって色・香り・味が違うんだ。→●「お茶についてどんなことを知っている？」
・僕の家の近くにお茶を作っているところ（見沢園）があるよ。
・所沢で作っているお茶ってどんなお茶なんだろう？
・見沢園のお茶飲んでみたいな。
・そういえば、お茶畑いっぱいあった。どうやったらお茶になるんだろう？
（第２～４時）　見沢園に行って、お茶を見てみよう！
●お茶工場の見学
●お茶畑の見学・お茶摘体験
お茶って手作りもできるんだ！作ってみたい。
（第５・６時）手揉み茶を作ってみよう！
●狭山茶の試飲
・お茶を揉むのって大変だね
・手がいいにおいになったよ。
・最初、さわったときすごくあつかったよ。
・自分たちで作ったお茶おいしかったよ。
・お茶のこともっと知りたいな。
（第７時）「見沢園さんを見学してみて、実際にお茶を作って飲んでみて？」
・どっちもおいしいけど、自分たちで作った方がおいしかったよ。
・産地によって飲み比べをしてみたい！
・機械がもんでくれてすごい！
・もっとお茶について知ってみたい。
・抹茶と煎茶の飲み比べもしてみたい。
→　「もっと学んで、お茶について詳しいお茶はかせになろう！」
●「お茶についてもっと調べたいことは？」
研究内容は模造紙に、わかりやすくまとめたい。それらを作り、互いに発表し合うことを１つの目的としたい。
実際に生産者の方と会うことを通して、その大変さやすごさを直に感じてほしい。今後の学習へ興味をもつきっかけとなってほしい。
お茶に対する関心を高める活動にしたい。特に２５人中１２人は当初、お茶が嫌いと答えていたので。
茶ポスターが終わり、一息つくような感じで飲み比べを行う。実際に比べた結果を感想として残し、それぞれの違いを子ども達の中に明確にさせたい。
みんなの前で発表した反省を受けて、２時間ほど、手直しをしてから、発表する。
子供達の自由な発想を大切にして、今後の自分の調べる事柄を決めさせたい。
（第８～１８時）茶ポスターを作ろう！われわれお茶研究員なのだ！
お茶がつく言葉
無茶苦茶
お茶の子さいさい
お茶の間
お茶の歴史
ティーロード
薬として伝わってきた
栄西・千利休
お茶ができるまで
手揉み茶の作り方
機械化による作り方
お家での作り方
お茶作りの大変さ
肥料をまく
扇風機の正体
お茶の入れ方
６０℃～７０℃
１分
ゆすらない
お茶の木について
やぶきた
ふくみどり
さやまかおり
お茶と健康
疲労回復
老化防止
ガンの予防
お茶の味と成分
タンニン
カテキン
カフェイン
お茶の種類
発酵茶と半発酵茶、不発酵茶
ウーロン茶・紅茶
煎茶・玉露・かぶせ茶
番茶・玉緑茶・てん茶（抹茶）
お茶の産地と特徴
狭山・静岡・宇治・八女・伊勢
世界のお茶
紅茶（イギリス）
ウーロン茶（中国）
（第１９時）きき茶体験！静岡・宇治・狭山茶の飲み比べしよう！
●狭山茶・静岡茶・宇治茶の飲み比べ
・狭山は色も味がこいね。宇治は色うすいけど、味はしっかりしている。
（第２０時）研究成果、茶ポスターを見合い、発表しよう。
（第２１～２３時）お茶について学んだことを見沢園さんに伝えよう！
今までの研究成果を見沢園さんに感謝の意味もこめて発表させたい。外部の方に発表することを意識させることで緊張感も高まることを期待する。
→　お茶屋さんの悩みとの出会い！！
●「もっと、所沢で作っている狭山茶を地元の人に飲んでほしい。」
●「急須でいれるお茶のよさをもっと知ってほしい。狭山茶のよさをわかってほしい。」

図4-3　第1部「あちゃちゃ！　われわれお茶はかせ!!」の学習の流れ

写真4-3　お茶畑での茶摘み体験

写真4-4　手もみ茶を作る子どもたち

はじめは，おのおのが調べたいことを調べていたが，実践が進むなかで調べたい内容ごとにグループを編成し，お茶の歴史を調べるグループや産地によるお茶の特徴の比較グループ，おいしいお茶の入れ方グループなど，グループごとに調べ学習を進めることにした。ある程度，調べ学習が落ち着いたところで，内容を模造紙にまとめ，ほかのグループに調べた内容を紹介，互いの発表を通じて思ったことや考えたことを交流することで，子どもたちはさらにお茶への興味関心を高めていった。

【手もみ茶作りをしてみた子どものふりかえり】

・「作り方で全然お茶の味がちがって不思議。お茶についてもっと知りたい。」
・「自分たちで作ったお茶もおいしかったけど，見沢園のはもっと苦かった。」
・「これからももっといろんなお茶を飲んでみたいです。」

7月，見沢園を招待してお茶について調べた内容の発表会を行う。そこで見沢園からそれぞれの内容へ感想，フィードバックをしてもらい，最後に狭山茶をめぐる問題について語ってもらった。見沢園の話を通じて，「地元で狭山茶を飲んでいる人が少ない」「若い人に急須で淹れるお茶のよさが伝わっていない」「放射性物質の飛散による風評被害でお茶屋さんがどんどん閉店している」などの問題と出会った子どもたちは，なんとかしたいという思いを抱き，自分たちになにかできることはないか話し合っていくことになった。

〈実践者のつぶやき①〉見えないところの教師の仕事

まず4月に行ったことは①お茶屋さんへの年間の講師依頼と②所沢市民フェスティバル（その他のお祭りの参加の方法なども含め）への参加申し込みであった。「総合」は年間を通して子どもたちの学びをダイナミックに深めていくことをねらいとしているため，4月の段階である程度の**年間を見通した計画**を立てることが重要である。ある程度というのは，「総合」において計画が変わることは当たり前のことであり，柔軟に対応していくための幅が必要だからである。計画するにあたって，学年始まりの時期は事前に準備をしておかなければならないことをピックアップし，必要があれば，また，必要な可能性があれば外部の機関と事前に打ち合わせしておくことが求められる。

写真4-5　グループ同士で発表する子ども

写真4-6　見沢園への発表する子ども

（2）第2部「狭山茶のよさを伝えるお茶屋さんをひらこう！」

9月，見沢園を通じて出会った問題について話し合うなかで，「お祭りとか人がいっぱいいるところでお茶屋さんを開いて，狭山茶はこんなにおいしいですよって知ってもらえばいいと思う」というN児の考えにクラスの思いが集まっていく。子どもたちは「どこでお茶屋さんを開いたらよいか」など，お祭りが開催される資料をもとにしながら話し合い，準備の時間も考慮し，10月末に行われる「所沢市民フェスティバル」において，狭山，静岡，宇治茶を飲み比べするお茶屋さんを出店する方向で話をまとめていった。代表の子どもが実際に市役所に行き，出店の意図や内容を説明，市役所から出店許可をもらうのと同時に，今回のお茶屋さんの費用面については売り上げを社会福祉に役立てるのであれば，市が全面的にバックアップするという提案を受けた。その後，「お茶屋さん」の具体的な企画を行っていく。市役所からの提案を受けY児から，今回のお茶屋さんの売り上げをすべて東日本大震災に寄付したらいいのではないかという意見が出される。多くの子がY児の意見に賛同し，それぞれの

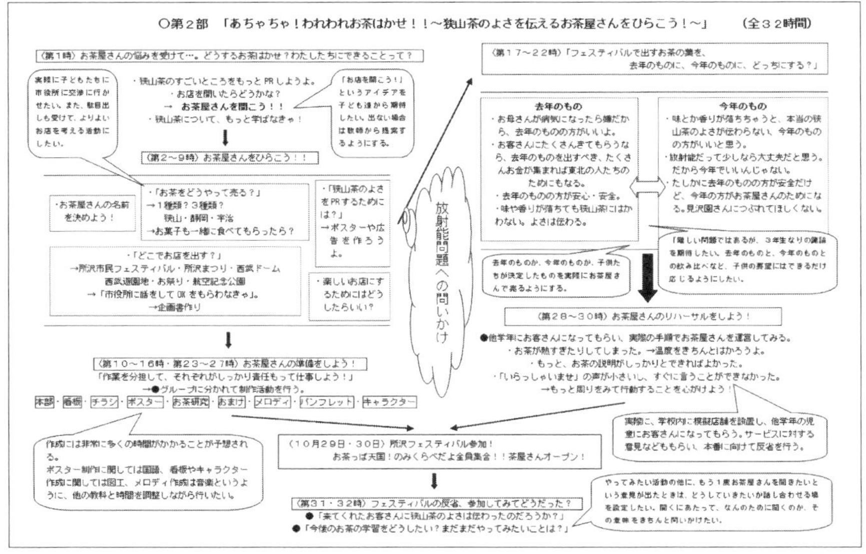

図4－4　第2部「狭山茶のよさを伝えるお茶屋さんをひらこう！」の学習の流れ

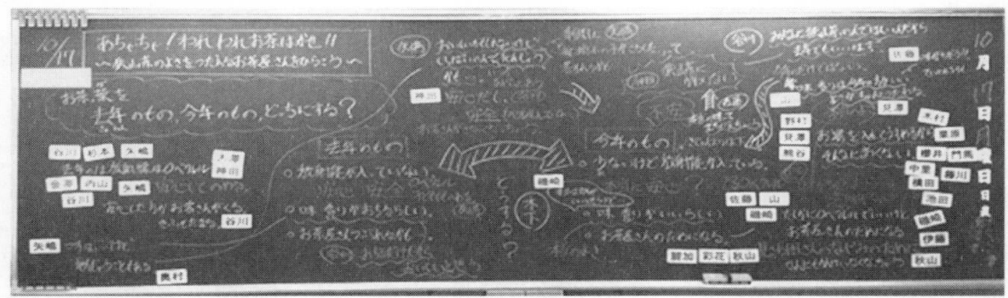

写真 4－7　出店準備における話し合いの板書の記録

子どもたちがどんな活動が必要か考え，希望する仕事内容，たとえば，「企画本部グループ」「お茶のおいしい淹れ方研究グループ」「看板製作グループ」などのグループをつくり，活動を分担して出店準備を進めていった。

10月，企画するなかでTT児より「今年のお茶の葉はやめて，昨年度のお茶の葉を出したほうがいい」という提案が出る。当時，狭山茶が東日本大震災の放射能問題の影響で，風評被害を受けており，その年の茶葉は放射性物質によって安全面に不安があるということが世間的にいわれていた。TT児は，そのような社会の動きをキャッチし，自発的に，主体的に問うたのである。安全面に不安のない前年のお茶を出すか，より狭山茶のよさが伝わる新茶を出すか，子どもたちは実際にお茶の香りや味を比べながら，じっくりと話し合った。そして，最終的な多数決の結果，1票差で前年の茶葉を選ぶことになった。このとき，結果に反対する子は1人もおらず，十分に話し合ったゆえ，どの子も納得した様子が教室には満ちていた。

【TT児の発言を受けた子どもたちの意見】

・「やっぱり，本当の狭山茶のよさをわかってもらうためには，今年のものを出した方がいいよ。」
・「香りは確かになくなっているけど，そんなに味は変わらない。どっちかっていうと，去年のお茶の葉の方がおいしいかも。」
・「ちゃんと安全基準を下回っているんだから，今年のお茶を出して大丈夫だと思う。」
・「もしも，今年のお茶の葉のお茶を飲んで病人とか出て，新聞に私たちが出したお茶で病人が出たなんて言われたらどうするの？」

「出店準備における話し合いの授業の記録」（一部のみ抜粋）

2011（平成23）年10月17日（月）５校時

【発言記録】

YH23：「今思ったんだけど，今のお茶だとベクレルが入っていて，おいしいからいっぱい買っていっぱい飲んで，ベクレルいっぱい飲んで，死んじゃったら。」（間）

IN24：「去年のほうだと，最初からお茶屋さんの悩みのためにやってきたことが，ただ，去年のお茶を売っているだけ，なんにも関係なく去年のお茶を売っているだけになっちゃう。」

TT25：「IN さんの意見に反対なんだけど，別にお茶屋さんの悩みは，今年の狭山茶を飲んでほしいんじゃなくて，みんなに狭山茶を飲んでほしいんだから去年のでもいいと思う。」

YR26：「TT くんのに反対意見なんだけど，狭山茶のよさをわかってほしいんだから，去年の物は味と香りは今年の物のほうがいいから，今年の物のほうがいいと思う。」

SH27：「TT くんの去年のほうがいいという意見で，今年のは確かにベクレルとかあるから，安心じゃないかもしれないけど，去年のは匂いとか味とかちがうものになっちゃうから，お客さんがちがうって言われちゃうかもしれない。」

AR28：「去年のでもいいんだけど，今年のほうがお茶屋さんに関係あるから，いいと思う。」

TT29：「AR さんにおたずねなんだけど，なんで今年のお茶のほうが，お茶屋さんに関係があるんですか？」

AR30：「TT くんにおたずねなんだけど，どうして，今年じゃなくて去年なんですか？」

MK31：「どうして去年のお茶を選んだんですか？」

TT32：「去年のお茶のほうが安心だからです。」

KM33：「あのー，去年の物のほうが安心だし，安全に飲めるからいいと思います。」

YH34：「TT くんの意見につけたしなんだけど，その場で飲んでて，ベクレル飲んで，そんで死んじゃって，新聞に○○小の子どもたち殺しちゃったって書かれたらいやだ…。」

IN35：「YH くんが言っているのは，新聞に載っててそういうことが書いてあったら絶対いやだけど，私は，今年のほうがいいと思う。」

司会36：「ほかにいますか？」（間）

教師37：「さぁ，どうしよう，こまったね。」

司会38：「TT くん」

TT39：「あれ，あのー，去年のお茶は味や香りがちがくなるんじゃなくて，落ちるだけだから，でもおいしいし。」
KM40：「あの，私は，去年のほうがいいと思います。今年は，ベクレルが高いけど，去年はベクレルが今年より低いから安全して，安全して飲める。」
IN41：「おたずねなんだけど…」

10月下旬，子どもたちは「所沢市民フェスティバル」で手作りのお茶屋さんを通じて，狭山茶のよさを地域の人々にPRした。お茶屋さんを運営するなかで，あらかじめ考えておいた接客の仕方やPR作戦（オリジナル音楽の作成）を実行し，２日間で約1000人の地域の方にお茶屋さんに足を運んでもらい，お茶の飲み比べをしてもらうことができた。お茶屋さんの売り上げは２日間合計で約９万円にもなり，市役所を通じて東日本大震災の復興のために寄付した。なによりも，自分たちの手でお茶屋さんを企画し，本当に開くことができたという自分たちの活動の歩み自体に驚き，喜んでいる子どもたちの姿が多くあった。

【お茶屋さんを出店した後の子どもたちの感想】

・「最初，Ｎ君が，『お茶屋さんを開いてみては？』という言葉に，わたしはうれしかったけど，でも，出せるのかな？　と思いました。でも，本当に出せてよかったです。今年のか，去年のか決めるのはすごく大変だったけど，とにかくフェスティバルでお茶屋さんを出せてよかったです。」

・「すごくいっぱいの人がきて大変だったけど，うれしかった。みんな狭山茶のよさをわかってもらえたと思います。このままみんな狭山茶を飲んでいったら狭山茶のよさをわかると思うから，狭山茶のことをわかってもらいたいから，これからも狭山茶をみんなにおすすめしたいと思いました。」

〈実践者のつぶやき②〉第２部における地域とのかかわり

本実践を計画した当初は，出店にかかわる費用は，すべて子どもたち自身の手で賄うことを考えていた。具体的には，地域の企業や商店にスポンサーになってもらうというものである。そのことも含め，総合の時間で学習すること

写真４－８　受付で寄付を呼びかける子どもたち

写真４－９　お客さんをもてなす子どもの様子

を考えていたが，市役所と話を進めていくなかで，売り上げを社会福祉に役立ててくれるなら費用はすべて市役所が担うということを提案してきてくれた。３年生という発達段階，そして，社会福祉への意識を醸成するという点から鑑みて，非常にうれしい提案であった。地域と密に対話を重ねていくことで，社会的にもよりよい方向へ向かっていく可能性を秘めているのも「総合」のよさといえるのかもしれない。

また，本実践で扱った「放射性物質に起因する狭山茶の風評問題」には，安全な「お茶」を飲みたいという消費者の思いがある一方で，根拠が明確でない風評に悩まされる地元の生産者の思いの２つが複雑に絡み合っているということ，さらに，情報として何を信頼していいのかわからないという当時の状況がこの問題をより複雑にしていた。実践者としては，子どもたちがこの問題を考えるにあたって，いかに「納得」という点にたどりつけるかが重要であると考えていた。「むずかしい問題だから，考えない」ではなく，情報は限られているものの，それらを考慮したうえで，自分たちの「納得解」を見つけていく。社会的な問題を扱うことの意義は，「正解」ではない「納得解」にいかにしてたどり着くかである。これからの社会を築く子どもたちにとってこのような経験が重要であり，さらにその経験が対話を通して意味づけてされていくことで「生きる力」は育まれていくのであろう。

（３）第３部「そして，自分たちが学びたいことは？」

その後，子どもたちと次にどのような活動をしていけばよいか話し合った。所沢市民フェスティバルで地域の方に書いてもらったアンケートの結果などをふりかえるなかで，多くの子がまだまだ狭山茶のよさを伝えていく必要がある

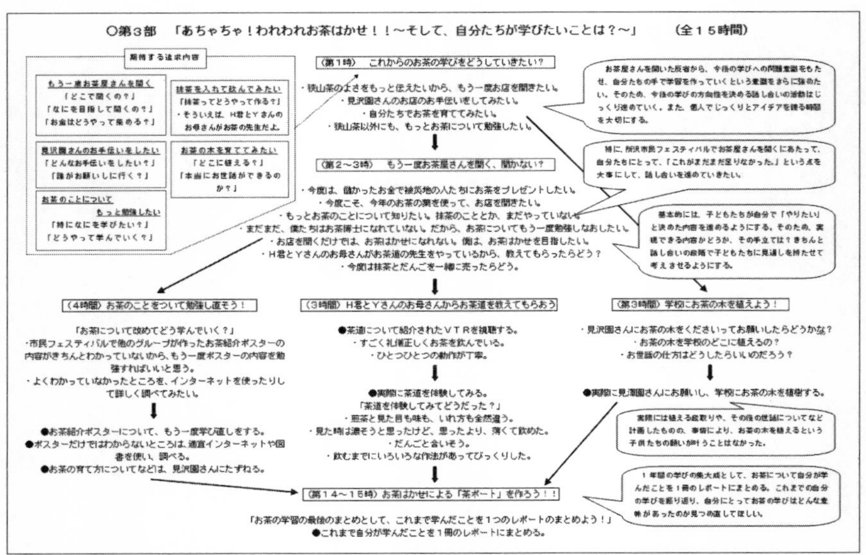

図 4－5　第 3 部「あちゃちゃ！　われわれお茶はかせ!!」の学習の流れ

のではないかという思いを抱いていた。そして，話し合いの当初は，多くの子どもたちが，「もう 1 度お茶屋さんを開きたい」という意見を出していた。「駅前はどうか」「どこかのお店の一角を借りて出店できないか」「PTA の行事でお茶屋さんをやってみては？」「学校のなかでやって全校生徒にも来てもらおう」など，2 回目ということもあり具体的なアイデアが出てくる。しかし，またも TT 児からクラスに投げかけがされる。「僕たちはまだお茶はかせになれていないと思う。だから，今はお茶についてもっと勉強したい。もっとちゃんとお茶について僕たちが知らないと本当の意味で狭山茶を PR できないんじゃないかな…」，子どもたちは TT 児の投げかけを受け立ち止まることになる。「確かに，もう一度お茶屋さんを開くには，費用も時間も使いすぎてしまう。果たしてそれでよいのか。ただ自分たちがお店を開きたいだけではないか，もともとお茶はかせをめざしていたのだから，もっとお茶のことについて詳しくなるべきではないか…」。話し合いの末，子どもたちは結論を出す。それは所沢市民フェスティバルにおいて店内掲示用につくった「茶ポスター（お茶のことについて紹介したポスター)」の内容をもう一度詳しく学び直していくということ。それを3学期の主な総合の活動にしていくということが決まった。

1月，茶ポスターについて学び直しが行われるなか，実際にK児から「抹茶を飲んでみたい」という意見が出され，多くの子がK児の意見に賛同する。そこで茶道の経験があるH児の保護者に協力をしてもらい，茶道体験を行うことにした。茶道体験では，「抹茶の入れ方」や「お茶の文化」，さらに礼儀作法についても教えてもらった。

【茶道体験後のK児の感想】

・今日，茶道をやって，すごく楽しかったです。待っている時は，すごく退屈だったけど，飲んでいるときのお菓子がすごくおいしくて，あともう一個食べたいなと思いました。普段，僕は全然落ち着きがないから，礼儀正しくするのがすごく大変でした。抹茶は，すごく苦かったです。今度は，大人の人に協力してもらわないで，自分たちの力で，抹茶を点ててみたいです。今日，来てくれたH君のお母さんたちに，なにかお礼がしたいです。

つぎに，S児から「学校にお茶の木を植えて，一から自分たちでお茶を作ってみたい」という考えが出された。多くの子がS児に賛同したが，木を植えるためには時期的な問題があることを知り，また，卒業後のお世話の問題の解決がむずかしいことから残念ながら学校内にお茶の木を植えることは断念することになった。3月，1年間の総合の集大成として，自分がお茶について学んだことについて，一冊のレポート(「茶ポート」)にまとめる活動を行った。1年

写真4-10　子どもたちがつくった茶ポート

写真4-11　茶道体験を行う子どもたち

間という長い活動のなかで「お茶はかせ」をめざした子どもたちであったが，多くの子どもたちは自分が学んだお茶に関する知識についての詳細な説明とともに，絵や写真などをふんだんに使い，何ページにもわたるレポートをつくることができた。

【1年間の「総合」終了後のTT児の感想】

・この1年間で，お茶のいろいろなこと，たとえば，お茶の成分やお茶の歴史のことが知れてよかったです。初めてお茶屋さんを開いてドキドキしました。自分的には，まだお茶はかせにはなっていないと思います。なぜなら，1年間では，世界中で作られているお茶のことを知るのは無理だったからです。だから，4年生になっても，もっといろんなことを知りたいです。4年生になるのがすごく楽しみです。

〈実践者のつぶやき③〉学びに対する主体的な子どもの姿とは

子どもが主体的に学べば学ぶほど，決して教師の意図どおりに学習が進むことはない。小林はそのような学習づくりを「構築教材」「N次教材」という考えで示している(2)。次の学習活動を築くのは子どもの考えそのものであり，子どもが新たに出会う資料や事柄である。総合とはそのような材と向き合い続ける中で学習が創られていくことを強調したい。本実践における第3部でいえば，当初，教師側の計画は「お茶屋さん2号店」を開く構想をもっていた。最寄りの駅にも交渉しその算段は整っていた。しかし，子どもたちがめざした活動はちがった。1年間の「総合」の終局にしてはあまりに「地味な学び」を選んだ。深く学ぶとは，とくに「総合」においては華々しく活動を行うだけを意味するのではない。自分たちの学びを省察し，地に足をつけて学び続けようとする姿勢が育まれることがなによりも大切なことであろう。本実践を通じて，筆者自身が子どもたちから教えられたことである。

第3節　授業事例の見方―本実践の「総合」としての評価・ふりかえり

（1）学習指導要領との関連から

学習指導要領では，「生きる力」を育むという理念を継承しつつ，資質・能力の育成をさらに強調している。「総合」においては探究的な学習を通して知識および技能が習得されることや，事象に対する概念形成をもって社会に参画する意識の醸成をめざしている。ここでは本実践における解説「第５章　総合的な学習の時間　第３　指導計画の作成と内容の取扱い　１-（２）」との関連を確認しておく。

> １-（２）年間や，単元など内容や時間のまとまりを見通して，その中で育む資質・能力の育成に向けて，児童の主体的・対話的で深い学びの実現を図るようにすること。その際，児童や学校，地域の実態等に応じて，児童が探究的な見方・考え方を働かせ，教科等の枠を超えた横断的・総合的な学習や児童の興味・関心等に基づく学習を行うなど創意工夫を生かした教育活動の充実を図ること。

所沢市の名産品である「お茶」を教材化した本実践は，それをとりまく社会的事象と複合的に関連づけて構成されている。とくに，他者（友だちだけでなく社会を含む）と協働して活動する場面を多く設定しており，「児童や学校，地域の実態等に応じて，児童が**探究的な見方・考え方**を働かせ」を踏襲した学習活動となっている。と同時に「児童の主体的・対話的で深い学びの実現」に寄与する活動になっていたともいえるだろう。「お茶」の教材化自体は所沢市において古くから行われており，決して独創性の高いものではない。しかし，本実践のように，お茶屋さんを企画し開く活動や放射能問題を扱うといったダイナミックな学習活動を展開することは，「児童の興味・関心などに基づく学習を行うなどの創意工夫を生かした教育活動」であると評価でき，充実した「総合」の活動であったといえよう。

（２）ESD の視点から

学習指導要領の前文に「持続可能な社会の創り手」と示されたように，ESD の視点から授業づくりを行うことは，今後の学校教育においてもはや必須であるといっても過言ではない。とくに「総合」は ESD と親和性が高く，本実践のように「小さな社会変革」を視野にいれた授業づくりを可能とするのも「総合」ならではといえるだろう。ESD の特徴は，社会・文化，環境，経済の３

つの視点からさまざまな地球規模の諸問題をとらえ，**自己と社会の変容をめざす学び**（Learning to transform oneself and society）を創ることにある。本実践は，自分たちの生きる社会への参画と地球規模の問題がダイレクトに結びついた稀な例かもしれないが，ESD の特徴が十分に見いだされる実践であったといえるだろう。本実践のように社会参画を視野に入れた授業を実践するうえで大切にしたいことは，意図的に学習者がふりかえる（reflection）機会をつくり，学習者の「材」に対する具体的な認識を高めることである。その結果，学習者のなかに自身の経験を通した材に対する新たな認識が生まれ，材そのものへの**概念変容**が起こり，いずれ学習者の意識や習慣の変容へとつながっていく。そして，個々の変容がいずれ大きなうねりとなり社会をも変革していくのである。

第４節　「総合」のススメ―発言記録からみる本実践のむずかしさと可能性

第２節における「出店準備における話し合いの授業の記録」の発言記録をみてほしい。この授業では，子どもたち同士で考えをつなげあいながら進んでいるものの，結論を出す場面においては決定打がなく，司会36のあとに生まれた間からわかるように，話し合いが膠着してしまっている。この点についてはさまざまな考察ができるだろう。すなわち，子どもたちにとって内容がむずかしすぎてしまったのではないかということである。むずかしさの要因としては，①問題が子どもたちのなかに十分に引き付けられていなかった，②子どもたちが話し合うための情報が不足していた，③教師の出が弱かったという可能性が考えられる。とくに③の教師の出については，子どもたちも薄々気がつき始めているお茶屋さんの願いについてもっと焦点化してもよかっただろう。「去年のものと今年のもの，本当に意味でお茶屋さんのためになるのはどっちなの？」というように，**本質にせまる問い**を投げかけることでより話し合いを活発なものにすることができたのではないだろうか。

とはいえ，話し合いが膠着（こうちゃく）するという事態は，子どもの思考が最大限に活動している状態ともいえるだろう。子どもたちにとって進むべき道を悩み，話し合いが膠着してしまうことはなかなか経験できないことである。それが簡単に解決できない問題に正対したときであればなおさらである。本実践においては，この話し合いの時点で時間的に猶予がなかったのは事実であるが，膠着したときこそ，子どもたちの主体的な姿を期待し，問題を解決するための情報を集める時間や自分の考えを再構成する時間を確保するなどしたいところである。「総合」が総合である由縁でもあり長所でもあるのが，そのような本質にせまるための学び，すなわち「ゆとり」をもてることであり，「ゆとり」のなかで主体的に学ぶ子どもたちを支えることが「総合」の醍醐味ともいえるだろう。

参考文献

曽我幸代『社会変容をめざすESD―ケアを通した自己変容をもとに』学文社，2018年
日本教材学会編『教材辞典：教材研究の理論と実践』東京堂出版，2013年
日本社会教育学会編『社会教育としてのESD―持続可能な地域をつくる』東洋館出版，2015年

注

（1）市川博・横浜市立山元小学校『名札マグネットを使った「討論の授業」づくり―子ども一人一人に生きぬく力を』明治図書，1997年に詳しい。
（2）小林宏己『授業研究27の原理・原則―授業力向上のための実践的思考』学事出版，2013年において，小林は学習展開の発展とともに生成・変化していく教材を「構築教材」と呼び，子どもの探究過程において，学習計画を柔軟に創り変えるなど，教材のあり方をとらえ直すことの重要性を述べている。

コラム　授業観を磨こう！―授業づくりのアイデアはどのようにして生まれるか

授業づくりのアイデアはどのようにして生まれるのだろうか。少なくとも筆者は授業を観ること，すなわち**授業研究**によって授業観を磨くことで湧き上がってくるものだと考えている。たしかに優秀な教師であれば，授業研究を行わなくとも自身の能力からゼロベースで授業を創造することができるかもしれない。しかし，多くの教師にはそれはむずかしい。とはいえ，日々の授業実践を惰性に身を任せて営むこともよしとできない。だからこそ，自分以外の授業を観て，授業観を磨くとともに授業づくりのアイデアを「頂く」のである。

自分以外の授業を観るとは，過去に実践された授業記録を読むことや授業 VTR を観ることも含む。とはいえ，できるだけライブの授業を観ることをオススメしたい。そこには，その場に身をおくことでしか感じられない授業の「生」があるからだ。

学生であれば，大学の先生に学校を紹介してもらって現場に行くのがよいだろう。すでに現場で働いている教員であれば，多忙と時間づくりのむずかしさを乗り越えてでも授業を観る機会をつくることが必要かもしれない。自分以外の授業を観ることは，授業観をめぐる多様性のなかに身をおくことでもある。それは否応なしに自分自身の授業観を見つめさせてくれる。授業研究をする教師にとって授業の良し悪しはなく，どのような授業であってもそこには必ず学ぶべきことが秘められている。その際，まずは教師のパフォーマンス（たとえば，話し方やふるまい）や学級の雰囲気などの授業を外的に構成している要因に目を向けるのがいいだろう。さらに一歩進んで，教師の問いを受けて子どもがどのように反応しているか，子ども同士の考えが授業のなかでどのように影響しあっているかなど，授業を内的に構成している要因にまで目を向けることができたら，授業研究はより充実したものになるだろう。

とくに，ESD は地球規模で考えていかなければならない「材」について，授業のなかでどのように向き合っていくべきか，社会とのつながりのなかで授業のアイデアを考える機会を与えてくれる。最終的に授業づくりは個々の教師の力量にかかっている。どんなに理想的で響きのよい教育論を盾に授業づくりをしても，現場で子どもと向き合う教師一人ひとりにその意味は託される。だからこそ，積極的に授業研究を行い，授業観を磨くことが重要なのだと思う。

第 5 章
中学校の授業―持続可能な社会の創り手の育成に向けて

本書を読む皆さんは，中学校のときに「総合的な学習の時間」(以下，「総合」）のなかで，どのような授業を経験してきただろうか。環境問題や福祉といったテーマに基づいて調べ学習を進めたり，調べたことをまとめて新聞づくりをしたりしたことを思い出す人も多いのではないだろうか。それとも個人レポートを書いたり，ゲストティーチャーの話を聞いたりしたことを思い出すのだろうか。

2002年から全面実施となった「総合」では，全国の学校で多様な授業が繰り広げられてきた。「総合」の授業には決まった教科書があっただろうか。また試験はあっただろうか。おそらく国語や数学，英語といった授業とは，また「別」の経験を積んできたのではないだろうか。

では，こうした「別」の経験を積むことができる「総合」をつくってきた先生方はどのような準備をして，どのような教材を用いて，授業をつくってきたのだろうか。そして，「総合」を通して身につく力とはいったいどのような力なのだろうか。

この章では，中学校における「総合」の課題についてふれると同時に，その魅力や授業づくりの醍醐味を紹介する。皆さんは，「総合」でどのような授業をつくってみたいと思うだろうか。そして，そのときに必要なことは何であろうか。「授業をつくる」側の視点で，ぜひ読んでもらいたい。

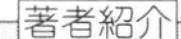
著者紹介

松倉　紗野香（埼玉県立伊奈学園中学校教諭）

1979年生まれ。認定 NPO 法人開発教育協会（DEAR）理事。2015～2018年度の４年間，文部科学省研究開発学校に指定された上尾市立東中学校において研究主任を務める。共著に「SDGs とまちづくり」（学文社，2019年），「SDGs カリキュラムの創造」（学文社，2019年）がある。

第１節　「総合的な学習の時間」を問い直す

中学校における「総合」は，中学１年生が年間50時間，２年生・３年生は年間70時間が設定されている。多くの中学校では，学年ごとに「テーマ」が設定され，そのテーマに基づいた探究学習が繰り広げられているだろう。または，地域の課題に特化した学習をつくる学校もあり，地域の文化や伝統を学習の柱として単元をつくることも多い。数多くの豊かな実践を繰り広げている中学校も増えてきているものの，小学校で培った「総合的な学習の時間」の経験を活かしきれているとは言い難い現状が中学校にはある。

（１）中学校における「総合」をめぐる課題

もし本書を読むあなたが大学生だとしたら，中学生のときに「総合」のなかでどのような授業が行われていたのかを思い出してほしい。何をテーマとして年間50時間，もしくは70時間の時間を費やしていただろう。そして，そこで得られた「学び」とはどのような学びだったのだろう。

中学校の「総合」は「**探究的な学習**」といえる学習が授業として行われているのだろうかという課題があげられる。学習指導要領では探究的な学習をたどる過程として「課題の設定」「資料収集」「整理・分析」「まとめ・表現」といった具体的な過程が示されている（第２章の図２-１参照）。こうした過程を往還しながら，学びを深めていくことが求められているのである。

学習指導要領では，「探究的な学習」を「問題解決的な活動が発展的に繰り返されていく」ことと示している。多くの中学校では，残念ながらこの「探究的な学習」をふまえることがないまま授業を進めてしまっていたり，学校行事の準備や進路指導の時間に充ててしまったりすることが多くあるのが現状である。こうした現状の要因としては，前者では，そもそも「総合」のねらいが共有されていないこと，後者では，「特別活動」と「総合」の使い方が曖昧なままになっていることが考えられる。

中学校での総合的な学習の時間のなかでは，「職場体験学習」や「福祉体験学習」といった「体験」を伴う学びの時間が確保されていることが多くあり，学校のなかだけでは体験できない貴重な経験を味わうことができる。しかし，一方ではこれらの体験学習を含めた総合的な学習の時間が「活動あって学びなし」と批判されることもある。

こうした「批判」が生まれる要因としては，①体験や活動の機会は十分に用意されているものの，そうした体験や活動を通して何を身につけるのかが明確でなかったり，生徒に伝わっていなかったりすること，②そもそも，なぜそうした体験や活動を行うのか，その活動の意義が示されていないことが考えられる。中学校における「総合」をめぐっては，その時間の使い方，単元構成のつくり方，そして外部機関との連携体制の築き方など「課題」が山積しているのが現状である。

（２）「全体計画」の作成

学校では，すべての教科において「全体計画」（表５－１）と「年間指導計画」を作成している。これらは学習指導要領に基づいて，生徒の実態をみながら毎年，教科内で改善を図って作成されるもので，授業をつくるために必要となる「計画書」である。

全体計画の作成にあたっては，学習指導要領解説「第５章　総合的な学習の時間の指導計画の作成」を参考とする。それぞれの学校で設定されている学校教育目標や生徒の実態を示したうえで，それぞれの学校が総合的な学習の時間を通して，どのような生徒を育みたいのかを学校が設定した「総合」の「目標」を明記する。「総合」では，ほかの教科とは異なり，それぞれの学校が独自に「目標」を設定することができる。これは，学校が地域や学校の特徴を十分に生かし，創意工夫されることが求められると同時に，そうした独自性や創造性が期待されているのである。

学習内容には，「目標を実現するにふさわしい探究課題」および「探究課題の解決を通して育成を目指す具体的な資質・能力」で構成する内容について明記する。あわせて学習活動，指導方法，指導体制，学習の評価などについても示し，学校としてこの時間の教育活動の基本的なあり方を示すものとなるように作成する。

本章で紹介する学校の全体計画をみてみよう。表5－1で示した全体計画では，学校における目標とその目標を実現するにふさわしい探究課題として「持続可能な社会の創り手の育成」を掲げている。学校における目標には，この時

表5－1　2019年度「総合的な学習の時間」全体計画案（上尾市立東中学校）

学校教育目標
志を持って学ぶ
たくましい心と体の東中生

生徒の実態
SDGsや社会課題についての理解があり，興味・関心をもって授業に臨むことができるが，主体的な行動へつなげていくことが課題である。

総合的な学習の時間の目標
探究的な見方・考え方を働かせ，横断的・総合的な学習を行うことを通して，よりよく課題を解決し，自己の生き方を考えていくための資質・能力を次のとおり育成することを目指す。
（1）探究的な学習の過程おいて，課題の解決に必要な知識及び技能を身に付け，課題に関わる概念を形成し，探究的な学習のよさを理解するようにする。
（2）実社会や実生活の中から問いを見いだし，自分で課題を立て，情報を集め，整理・分析して，まとめ・表現することができるようにする。
（3）探究的な学習に主体的・協働的に取り組むとともに，互いのよさを生かしながら，積極的に社会に参画しようとする態度を養う。

本校が定める総合的な学習の時間の目標
探究的な見方・考え方を活用し，自ら課題を見付け，設定し，課題解決に向けて情報を収集し，整理・分析しまとめ，表現活動を通して「持続可能な社会」の実現を目指す。
・社会参画意識の向上
18歳選挙権，18歳成人実施に向けて社会参画意識を向上させ，社会と自分との関わりを見出し，より良い社会づくりに「市民」として積極的に関わろうとすることができる。
【学びに向かう力・人間性等】
・持続可能な社会の創り手の育成
社会が抱える多様な課題についてその背景知識や構造を理解し，解決に向けて主体的に関わろうとする態度を育み，持続可能な社会の実現に向けて活躍することができる。
【知識及び技能】【思考力・判断力・表現力等】
・多様な他者と協働できる力の習得
多様な背景をもつ人々や多様な考え方を寛容な態度で受け入れ，尊重し，好奇心をもって他者と目的を共有し，共に活動ができる。
【学びに向かう力・人間性等】

探究課題　「持続可能な社会の創り手の育成を目指して」
1年　SDGsを知ろう・深めよう　　2年　持続可能な社会の実現　　3年　上尾をプロデュース

知識及び技能	「知る」	現代社会が抱える「答えの定まらない課題」に気付き，その課題の背景にある事象や背景について理解を深める	評価 学習した内容を踏まえ，ルーブリック表を用いたパフォーマンス評価・ポートフォリオ評価を文章記述で行う。
	↓		
思考力・判断力・表現力等	「考える」	なぜその課題が「課題」なのか，その解決策にはどのような手段があり，誰がどのように関与しているのかを考える	
	↓		
学びに向かう力・人間性等	「行動する」	世界で起きている課題を「自分ごと」として捉え，自らの課題として行動の変容を目指す	

間を通して「持続可能な社会の実現」を掲げ，そのために必要とされる3点（社会参画意識の向上・持続可能な社会の創り手の育成・多様な他者と協働できる力の習得）を掲げている。

あわせて，**「育成すべき資質・能力の3つの柱」**である「知識及び技能」「思考力，判断力，表現力等」「学びに向かう力，人間性等」の3つとの関連をふまえて記述している。

探究課題としては，1年生でSDGs（持続可能な開発目標）についてふれ，世界の現状を把握するところから学習をはじめる。2年生では，SDGsの達成に向けてどのような解決策が考えられるのか，また，実際の社会ではどういった活動が進められているのか，社会課題の解決に向けた取り組みについて考える。3年生では，それまでに培ってきた多様な知識や経験を自分の住む「まち」づくりに向けて活用し，「持続可能なまちづくり」をめざした行動指針を示す。

この全体計画からは，1年生から3年生までの指導体制として「知る」→「考える」→「行動する」といった学習のプロセスが明記されており，学年があがるにつれて生徒の社会参画の度合いが高くなっていくように構成されている。また，学習評価については，「ルーブリック表を用いたパフォーマンス評価・ポートフォリオ評価」を行うこと，そしてそれらを「文章記述」することが示されている（評価については後述）。

このように本全体計画から，3年間をとおして「持続可能な社会の創り手の育成」をめざした学習内容が示されていること，あわせて教員がどのように指導を進めていくのかといった基本方針とその評価についてうかがうことができる。

最も大切なことは，こうして作成された全体計画をすべての教員が共通理解をして，授業に臨むことである。多くの学校の場合，総合的な学習の時間を担当するのは，すべての教員であり，担任・副担任，または教科を問わずすべての教員がかかわってつくる時間である。そのため，全体計画の共有は必須であり，それぞれの学校が本時間を通してどういった目標で，どういった生徒の育成をめざしているのかを把握することが求められている。

第２節　SDGsを学習の柱とした実践

第１節でみてきた「総合」をとりまくさまざまな課題に対して，実際に中学校ではどのような授業が展開されているのだろうか。

ここでは，１つの公立中学校の事例を取り上げ，教員たちがどのように授業をつくってきたのかを記したい。また，そうした授業を通してみえた生徒の様子について具体的な授業事例を用いて紹介する。

（1）上尾市立東中学校における「グローバルシティズンシップ科」の実践

埼玉県上尾市立東中学校（以下，上尾東中）では，2015年４月から2019年３月までの４年間，文部科学省より研究開発学校の指定を受けて新教科「グローバルシティズンシップ科」（以下，GCE 科）を設立し，中学校における**シティズンシップ教育**のあり方について全校をあげた研究・実践に取り組んだ。研究開発学校とは，教育実践のなかから提起される諸課題や，学校教育に対する多様な要請に対応した新しい教育課程（カリキュラム）や指導方法を開発するため，学習指導要領などの国の基準によらない教育課程の編成・実施を認める制度である。

研究期間であった2019年３月までは「総合」を GCE 科に置き換え，年間で１年生50時間，２・３年生70時間を本科に充てて実施した。研究期間を終えた2019年４月からは「総合」のなかで GCE 科の学習内容を継続して実施している。そのため本章では，GCE 科の取り組みを「総合」の実践事例として紹介する。

筆者は，同校のなかで「研究主任」として，GCE 科のカリキュラム開発，教員研修，評価研究，外部連携を進める役割を担っていた。

カリキュラム開発：各学年での具体的な単元構成・学習内容をつくる
教員研修：すべての先生がファシリテーターとして参加型学習の形態が進められるように研修を企画，運営する
評価研究：生徒の変容や身についた資質・能力について検証を行う。また，作成したカリキュラムは，生徒の資質・能力の育成とどのように関連していた

のかを検証する。
関係機関との連携：地域，研究機関，NPO 法人，省庁，企業などの関係機関との連携体制をつくる。ゲストティーチャー依頼や TV 電話を用いた質疑応答の時間を調整する。

本実践の研究を進めるにあたっては，保護者を含めた地域の方々，数多くの研究機関（大学など）の方々の協力があった。また，公立中学校では，毎年多くの教職員の異動が行われ，そのなかで研究を継続，発展させることが求められていた。そこで筆者は，学校と社会をつなぐ**コーディネーター**的な存在でもあり，学校全体を俯瞰して研究を推進するファシリテーター的な存在でもあった。学校と社会をつなごうと積極的に学外で行われる研修会やイベントに参加し，4年間で数多くの企業や研究者，省庁の方と話をする機会を得た。また学内では，先生方と一緒に新たな授業づくりを実施してきた。

GCE 科では，それぞれの専門教科にかかわらず，すべての教師が**ファシリテーター**として GCE 科を担当し，**参加型学習**の形態を用いて学習を進めた。そのため，教員研修のなかにファシリテーション研修を繰り返し取り入れて，ワークショップ型の授業や参加型学習の授業の形態が進められるようにした。こうした研修を通して「研究主任」だけが研究を進め，企画・運営をするのではなく，学校全体で研究を推進し，一人ひとりの先生方がその目的や意義を共通理解することでより豊かな実践をつくることが可能になったのである。

上尾東中の GCE 科では，持続可能な社会の担い手の育成をめざし，生徒一人ひとりの社会参画意識の向上とグローバルシティズンとしての資質・能力の育成を図るため，以下の3点を学習の目的として掲げた。

①18歳選挙権，18歳成人実施に向けた社会参画意識の向上
②持続可能な社会づくりの担い手の育成
③多様な他者と協働できる力の習得

これらの3つの目的を具現化するべく，「目指す生徒像」として5つの生徒像を示した。そこには，本科を通して「身に付けさせたい8つの資質・能力」

を含んでおり，３年間の学習のなかでどのような学習内容であっても８つの資質・能力と関連した学習単元をつくるようにした。

〈目指す生徒像〉

1．自らの考えや根拠のある意見をもって社会に参画できる生徒
2．多様な文化，習慣，考え方を尊重し，共に生きることができる生徒
3．自ら課題を見付け，物事を多面的に考えられる生徒
4．クリティカルな思考を身に付け，自ら進んで調査し発信することのできる生徒
5．一人の市民として，より良い社会づくりに協働して参画できる生徒

〈身に付けさせたい８つの資質・能力〉

【社会参画】【多文化共生】【課題発見・設定】【批判的思考】
【協　　働】【資料収集・活用】【表現・発信】【課題解決】

GCE 科で扱う主な学習内容は，環境，難民，国際協力といったグローバルな話題からまちづくり，学校づくりという足元の話題まで幅広い話題を用いた。表５－２は，研究最終年度（2018年度）のカリキュラムである。このカリキュラムをみると，各学年で学習内容が大きく異なるのがわかる。２年生，３年生になると学習内容自体を生徒たちが決定する場面がある。「まちづくり」など，大きな学習テーマは学年ごとに定めてあるものの，具体的な学習テーマは生徒自らが設定するため，それぞれの興味・関心に応じて取り上げる項目には差異がみられた。

そこで，学習内容が異なっていても，学習の進め方をできるだけ「学習のステップ」を共通させ，生徒も先生方も見通しをもって学習に臨める体制づくりを行った。「学習のステップ」としては，開発教育で用いられる「知る」「考える」「行動する」の３段階を示し，これらの段階になぞりながら学習を進めていた。またそれぞれの学習が「**自分ごと**」としてとらえられるように学習方法を工夫し，課題に対して生徒が主体となって取り組めるよう工夫した。

前節でみた「全体計画」と照らし合わせてカリキュラムをみてほしい。全体計画で示した「本校が定める目標」を具現化するための探究課題として，１年

表５-２　2018年度「グローバルシティズンシップ 科」カリキュラム

月	○学習単元　　・具体的な活動例		
	１年生	２年生	３年生
４月	○オリエンテーション	○オリエンテーション	○オリエンテーション
	○世界一大きな授業	○世界一大きな授業	○世界一大きな授業
５月	○生徒総会に向けて	○生徒総会に向けて	○生徒総会に向けて
			○修学旅行に向けて
６月	○ワークショップ体験 ・「世界がもし100人の村だったら」体験 ・その他（３～４つ）	○身近な職業について ・職と職のつながり ・「働きかた」を考える ・職場体験学習	・修学旅行 ・まちの「魅力」さがし ・SDGs フォトコンテスト（京都）
７月	・ワークショップ振り返り	・事後学習	・修学旅行振り返り
８月	〈夏休み宿題〉 ○ WFP エッセイ	〈夏休み宿題〉 ○ JICA エッセイコンテスト「持続可能な社会づくり」に関する資料収集	〈夏休み宿題〉 ○ JICA エッセイコンテスト
９月	○ SDGs を知ろう・深めよう ・SDGs について	○持続可能な社会の実現 ・クラステーマ決定 ・SDGs について	○上尾をプロデュース！（まちづくり） ・上尾クイズ ・市政講座 ・課題設定
10月	・SDGs を自分のことばで ・グループレポート作成 ・ポスターセッション	・グループ別学習 ・課題設定 ・資料収集 ・訪問先決定	・関係機関訪問 ・アンケート実施 ・資料収集
11月	○社会における SDGs ・社会課題と SDGs	・資料分析 ・訪問先での質問作成	・政策評価 ・提案書，企画書作成
12月	・新聞を用いたレポート作成	・施設訪問（インタビュー）	・プレゼンテーション準備
１月	・講演会実施	・学習振り返り ・クラス討議 ・レポート作成	・学習発表会
２月	・SDGs 達成と「職業」	・プレゼンテーション準備	○まちづくりと SDGs ・３年間の学習振り返り
３月	・学習発表会	・学習発表会	

生から３年生までの具体的な学習単元と活動例を記述していることがわかるだろう。また，それぞれの学習単元とその活動例において探究的な学習が繰り返し行われ，「課題の設定」から「まとめ・表現」の一連の学習過程をふまえて

いることもわかるだろう。上尾東中では，このカリキュラムに基づいて各学年で年間指導計画を作成してきた。

また，カリキュラムのなかには「SDGs」について扱う単元が多くあることもわかる。上尾東中では，研究3年目の2017年度からはSDGsを学習の柱として，すべての単元においてSDGsとの関連を示しながら学習が進められるようにした。同時に，ほか教科（国語や数学など）においても，それぞれの教科とSDGsとの関連を見いだし，学校全体として「SDGsの達成を目指す学び」をつくってきた。本カリキュラムのなかから，中学1年生の授業を事例として紹介する。

（2）実践事例：中学1年生「SDGsを自分のことばで」

上尾東中では，毎年，中学1年生の最初の時期に**ワークショップ型の学習**を通して世界の現状について体感できる時間を設けている。今，世界で起きている状況に目を向けると同時にそれらが自分たちの生活とどのようにかかわっているのかについて気づけるような仕組みをつくり，授業を通して社会課題を「自分ごと」としてとらえられるようにすることを大事にしている。

ワークショップ型の授業を通して生徒の多くは，2学期の初めごろになると「なぜ，世の中にはこういった問題が生まれてくるのだろう」「どうして社会の中はこんなにも不平等なのだろう」「こうした問題に対して，世界は何をしているのだろう」など，数多くの「なぜ」「どうして」といった疑問をもつようになる。

そこまで生徒の意識が社会課題に向いたところで，教員から「SDGs」を紹介する場面を設ける。そして，SDGsを紹介する際には，まず最初に生徒たちに「あなたたちが世界の課題を解決ための目標をつくるとしたら，どのような目標をつくりますか？」と問いかけることから始めている。生徒たちは，それまでのワークショップ型の授業で得た体験をもとにして，自分たちで「目標」をつくっていく。そして，生徒たちが考え出した目標の多くは，実際のSDGsで掲げられている17の目標と近しいものばかりが出てくる。

そこまで考えたところで，初めて教員からSDGsについて説明がある。そのなかでは，「誰一人取り残さない」という強いメッセージがあること，世界中のすべての人たちが協力する目標であること，そして目標の達成のためには，私たちが今までもっていた考えや意識，生活を変えていくことが求められていることを生徒たちに伝える。

その後，生徒たちにSDGsの17の目標が書かれた用紙を配布し，「それぞれの目標が意味していることはどんなことだろう？」と問いかけ，17の目標について周囲と話しながら確認をする時間を設けた。このときに用いたのは，外務省が仮訳として示したものである。生徒からは「読めない漢字がある」「よくわからない」「文章が長い」などと声があがり，中学生にとっては，（あるいは，私たち大人にとっても）非常に難解な文言，言い回しが使われていることがわかった。

そこで，SDGsの達成をめざして学習を進めるためには，まず自分たちのことばでSDGsに書かれていることを読み取る授業を実施し，SDGsについて自分たちが日頃使っている言葉で語れるようになることをねらいとした授業を実施した。生徒たちには，「今の小学６年生に説明できる言葉で書き換えよう」と説明し，学習をスタートさせた。

本単元では，研究主任がオリエンテーションを実施したあとは，それぞれの担任が授業を進めた。最初に17の目標を各クラスで３つ（２つ）ずつ目標を分担し，クラスのなかでは，４人グループで１つの目標を担当するようにした。

生徒たちは，自分が担当する目標についてまずは，文章を読み，わからない言葉の意味や必要に応じて目標だけでなくターゲットも読み込み，目標が意味していること，解決したいこと，その目標にかかわっている人や団体，達成のための活動について調べ，グループごとに作業を進めた。調べる際には，辞書（国語辞典・英和辞典・類義語辞典）を用いたり，授業で使っている資料集や地図帳を用いて「自分の言葉」に書き換えようとする姿があった。

たとえば，目標12を担当したグループでは，「持続可能な生産消費形態を確保する」という文言から，「資源の無駄遣い」が問題となっていることに気づ

表5-3　中学1年生「SDGs について知ろう・深めよう」単元計画

学習過程	活動内容	留意点　　　　【資質・能力】
知る （2時間）	○オリエンテーション ・SDGs の紹介 ・17の目標を考えるワーク	・学年集会の形態（体育館） ・1学期に実施したワークショップとの関連づけができるようにする 【課題発見・設定】
知る 考える （8時間） 課題の設定 資料の収集 整理・分析	○ SDGs を自分のことばで ・グループ学習で進める ・辞書，資料集，地図帳等を使った意味調べ ・資料収集（グラフ，写真） ・調べたこと，集めた資料の整理→文言の書き換え	（各教室） ・グループごとに学習が進められるよう進度の確認 ・図書資料，新聞記事等から学習に必要な資料を収集できるよう準備 【課題発見・設定】・【資料収集・活用】
行動する （6時間） まとめ 表現	○レポート作成 ・グループレポートの作成 ・プレゼンテーション準備 ○プレゼンテーション実施 （ポスターセッション） クラス → 学年集会	・グループレポート作成（模造紙半分の大きさ）の指示 ・レポートを用いたプレゼンテーションの実施ができるよう指示 →プレゼン後作成した模造紙は廊下へ掲示 【表現・発信】

き，3R（リサイクル・リデュース・リユース）活動について示した。そして，ムヒカ大統領の演説を例にあげて説明し，自分たちができることとして3点を明記していた。彼らが作成したグループレポートは，写真5-1のとおりである。

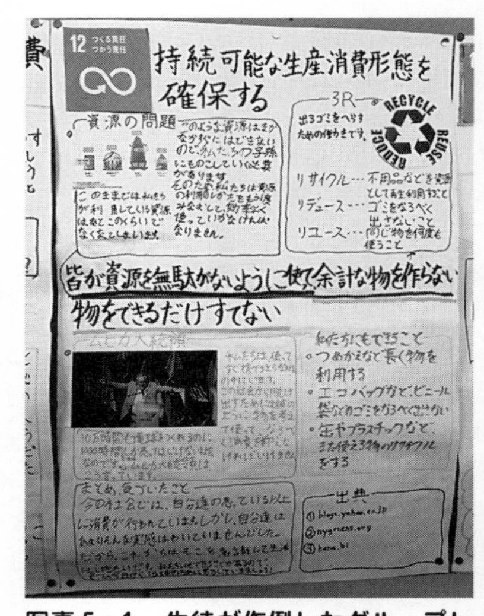

写真5-1　生徒が作例したグループレポート

第3節　生徒とともにつくる「総合的な学習の時間」

第2節でみてきた実践事例を学習指導要領で示されていることと，生徒の実態を重ね合わせてみてみよう。また，実際に授業を進める立場になったときに，どのような立ち位置が求められるのだろうか。そして，こうしたプロジェクト型の学習を評価するにはどのよ

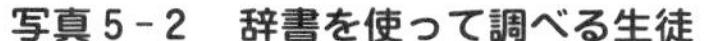

写真5-2　辞書を使って調べる生徒

写真5-3　教室掲示の工夫

うな方法があるのかを考えてみたい。

（1）学習指導要領との関連について

本実践「SDGsを自分のことばで」では，「探究の過程」を充実させSDGsを自分のことばに書き換える作業をとおして，SDGsで書かれていることを「自分ごと」としてとらえられるようになることを目標としていた。

学習指導要領解説では，「総合的な学習の時間の特質に応じた学習のあり方」として，①探究的な見方・考え方を働かせることとして，探究的な学習の重要性を鑑みて「探究的な学習の過程を総合的な学習の時間の本質」と示している。また，②横断的・総合的な学習を行うこととして，「学習の対象や領域が特定の教科等にとどまらず，横断的・総合的でならなければならない」としている。そして，③よりよく課題を解決し，自己の生き方を考えていくこととして，この時間をとおして育成する資質・能力は「探究課題を解決するためのものであり，またそれを通して，自己の生き方を考えることにつながるものでなければならない」としている。

以上の3点を本実践でみられた生徒の姿と照らし合わせると，本実践では，探究課題（SDGsを自分のことばに書き換える）の解決に向けて，探究の過程をたどりながら，生徒たちが協働して取り組んだ。そのなかで，生徒たちは「疑問に思うこと」を自ら発見し，自ら学習を深め，考えを更新していく姿もあった。また本実践のなかでは，生徒たちは，他教科（理科や社会科，家庭科など）

で用いた教科書や資料集をもち出し，既習事項（ときには未習のものも）を用いて学習を進めていた。先生が何も言わなくとも，生徒たちは机やロッカーのなかから資料を持ってきたり，図書室に行って資料を探したりしていた。そして，この実践を通して，生徒たちはSDGsに書かれている内容と向き合いながら，世界の実情を事例に取り，それらにかかわる人たちに思いをはせる姿があった。「もし，自分だったら…」と考える生徒や，課題の解決に向けて自分たちなりにできることを見いだそうとする生徒もたくさんいた。

（2）指導の留意点

それでは，こうした実践を進めてきた「教員」は，どのような立ち位置で学びをつくってきたのだろうか。単元計画に載せた「留意点」と合わせてみてほしい。

授業を進めるにあたっては，本単元とその前に行っていた学習やこの後に行う学習とのつながりについて教員側の理解が求められる。つまり，「今」の学習が1年間，もしくは，3年間の学習のなかでどのように位置づけられているのかを把握しておくことが必要である。そうすることで，教員は「見通し」をもって授業を進めることができ，この学習を通して生徒たちにどのような力(資質・能力）を育みたいのかを考えることができる。

グループ活動を主体とした学習場面では，教員はそれぞれのグループの活動の様子を「このグループはもう文章をつくり始めているな」や「このグループは語句の意味調べに時間がかかっているな」というようにグループごとの進度をみると同時に，グループのなかで一人ひとりの生徒たちがどんな役割を担っているのかを把握することが求められる。場合によっては，グループごとの「学習指導案」が必要になることもあるだろう。生徒の様子をみながら，少し学習を「先回り」をして，関係する新聞記事を集めて教室に掲示してみたり，図書資料を教室に置いておいたりすることもある。

そして大切なことは，**「先生も学習者」**であると教員も生徒も実感することである。SDGsに書かれた文章は，前述のとおり，大人が読んでも聞きなれない言葉がたくさん使われている。私たち「大人」が同じようにSDGsを書き換えてみたら，どのような文章になるだろうか。ひょっとしたら中学生のほうがわかりやすい文言を用いて文章をつくれるかもしれない。そう考えると，教員も生徒も同じように学習し，わからないことや疑問に思うことがあったら一緒に調べたり考えたりすればよい。教員は，「先生だから何でも知っている」や「先生だから解答をもっている」という「教える」立ち位置から，「教わる」という「学習者」としての立ち位置を築くことが求められている。

（3）評価について

「総合」の学習評価は，学習指導要領解説では，「評定は行わず，所見等を記述することとしてきた」とされ，「生徒にどのような資質・能力が身についたかを文章で記述することとしている」と示されている。

GCE科で行ってきた学習をどのように評価するか，先生方と多くの議論があった。そもそも「評価できるものなのか」という意見から「何を，どのように評価するのか」という意見もあった。そこで，まず上尾東中では，評価は「生徒をランキングするためのもの」ではなく，「授業をよりよくするためのもの」という考えを共通理解した。評価とは，一人ひとりの教員の授業のなかで，生徒たちがどのくらい「資質・能力」を身につけることができたのか，または，どのくらいねらいに迫る授業をすることができたのかを問うものであって，決して「スコア」や「ランキング」を付けるためだけのものではないということを確認してきた。そのうえで，GCE科では，「何を」「どのように」評価するのかを先生方と相談しながらかたちづくっていた。

GCE科では，レポート，プレゼンテーションなどの**パフォーマンス課題**や，ワークシート，資料の収集などのポートフォリオ評価を評価の方法とした。生徒には単元が始まったときに，それぞれの課題に対して，具体的な評価の指標を示し，一覧にしたもの（**ルーブリック表**）を配布した。それぞれの単元のなかでルーブリック表を配布する際には，教員から「何を評価するのか」「どのように評価するのか」を説明する時間をつくっていた。

表5-4　グローバルシティズンシップ科　資料収集チェックシート

	A	B	C	コメント
資料の多様性	集めた資料の種類が偏りがない。5つ以上の団体（専門機関，NGO，省庁など）から集めることができた	集めた資料の種類が偏りがない。3つ以上の団体（専門機関，NGO，省庁など）から集めることができた	集めた資料の種類が偏りある。 1つの団体の資料しか見つけていない	
データの確かさ	すべての資料のデータ，資料の出所が確か（個人のブログ×　グラフ，データが10年以上前のもの×　ウィキペディア×　出所不明×）	集めた資料の半分がデータ，資料の出所が確か（個人のブログ×　グラフ，データが10年以上前のもの×　ウィキペディア×　出所不明×）	集めた資料の3分の1がデータ，資料の出所が確か（個人のブログ×　グラフ，データが10年以上前のもの×　ウィキペディア×　出所不明×）	
分かりやすさ	資料を読んで，自分たちが理解できるものを選択することができた。写真，イラストやグラフが含まれている。（資料を読んだあとに友だちに説明ができる）	資料を読んだらすこしは理解が深められるものを選択した	資料を読んでも，自分の言葉で友だちに説明をすることができない	

たとえば，「資料の収集」については，表5-4のような表を作成し，生徒たちが図書資料やインターネットから資料を探しはじめる前に配布し，実際に資料を探す際には，どういった資料をどこから，どのように集めてくればよいのかを示した。ルーブリック表はそれぞれの学年の学習内容や段階に応じて，評価指標の内容を変えて作成をした。作成にあたっては，研究主任と学年の担当者で作成したものを該当学年の先生方に確認してもらう時間を設け，生徒の実態や，授業の進み具合に応じて文言を変えてながら作成していた。こういった「目線合わせ」を行うことで，より客観的な評価ができるようになっていたように思う。

このように，事前に評価指標を示すことで，教員も生徒もその学習のなかで進めるべき具体的な内容が把握できると同時に，学習の道筋を見いだすことができていた。上尾東中では叶わなかったことだが，今度は，こうした指標をつくる際に，生徒の声を積極的に取り入れて指標づくりの段階から一緒につくれるとよいと考えている。

第4節　探究的な学習がもたらす生徒と教員の変容

最後に実践にかかわった先生方からいただいたコメントをもとに実践のふりかえりをしたい。そして，これまで授業づくりをとおしてみえてきた生徒と教員の変容にふれたい。

（1）実践をふりかえって

本実践をふりかえって，筆者は，実際に授業を担当した教員にインタビューを行った。最初に教員から出てきたのは「自分の言葉に書き換えることへのむずかしさ」であった。実際にこの授業を進めるにつれて，「書き換える」という作業のたいへんさやレベルの高さを実感するようになったという。つまり，本実践では単純に文書に書かれている言葉と平易な言葉とを置き換えれば文章が成立するのかというとそうではない。SDGs で示されたそれぞれのゴール（目標）がもつ意味やその背景を知ることが求められていたのである。「いったいこのゴールが意味していることは何なのか？　解決したいことはどのようなことなのか？」という問いを教員も生徒も一緒になって考え，悪戦苦闘しながら文章を作成していた様子があった。

また多くの教員から「もっと SDGs の背景知識や世界の状況について知っておきたかった」という声も聞こえてきた。生徒と一緒にゴールに書かれていることを調べながら，教員自身にも多くの疑問が湧いてくる。そうすると，教員にも「もっと知りたい」という想いが生徒と同様にこみ上げてくる場面は実践のなかで多々，みることができた。

この授業を進めるにあたっては，学年の教員間で教材研究を重ね，情報を共有しながら進めていた。雑誌や新聞の切り抜きを学年間で共有したり，日々のニュースから GCE 科の学習につなげていこうとする教員の姿があった。そうした教材研究を繰り返すなかで，教員のなかで「もっと深めたい」という想いが出てきたのであろう。

また資料の収集方法をめぐっても，教員からは「行き詰まりを感じた」という声があった。レポートを作成する際に使うグラフや写真をどうやって選ぶのか，また適切な資料はどこにアクセスすればいいのかについて悩む姿があった。むやみにインターネットで検索したところで「欲しい」と思う資料にはたどり着けない。**資料の探し方**や検索方法などの「情報収集」については，今後は１年生のうちに学ぶ時間が必要であると考えている。

（２）「総合」を通した生徒と教員の変容

本実践が終わった2018年12月前半に振り返りのアンケートを行った。そのなかで，生徒に「SDGs を他の学校の友達に説明するとしたら，どのように説明しますか」という問いに対して，生徒たちはそれぞれの考えた表現を用いて回答している。

・今の世界を変えるためにつくられた目標で世界中の人の願いが込められている目標
・世界の人たちが全員で意見を出しあって，解決を目指す目標
・世界の問題のことを「自分だったら」と考えて行動することが求められている目標

生徒たちは，それぞれ担当したゴールについて時間をかけて調べ，レポートを作成したことやほかのグループの発表を聞いて考えを深めたことにより，SDGs を「17の目標」や「2030年までに達成する」といった「知識」だけでなく，自分の思いや願いを入れて説明をすることができるようになったことが考えられる。

また，学校全体でいえば，「社会参画意識の向上」については，2009年に日本青少年研究所が実施した「中学高校生の生活と意識」を参考に質問項目を作成し，毎年，同じ時期に調査を実施した。そこでは，表５－５に示したように本調査の結果から，上尾東中の生徒の社会参画意識は日本全体の数値より高く，研究最終年度では，７割近い生徒が「自分の参加により社会を変えることができる」という問いに「そう思う」「とてもそう思う」と回答した。

こうした実践を通して，教員にはどのような変容がみられたのだろうか。研

表５-５　「自分の参加により社会を少しでも変えるとができる」　（%）

	韓　国	中　国	アメリカ	日　本	上尾東中			
					2018年	2017年	2016年	2015年
とてもそう思う	11.7	17.4	14.9	10.2	24.5	21.8	20.9	13.7
そう思う	54.8	40.9	39.3	27.1	44.3	45.0	43.3	48
あまりそう思わない	26.9	29.4	19.5	40.9	24.2	28.0	27.9	27.2
全くそう思わない	5.1	9.9	9.5	18.6	5.7	5.1	8.1	7.3

究期間が終わろうとしていた2019年３月に実施した教員アンケートでは，「GCE科をとおしての自身の変容」を聞いたところ，８割の教員が「変容があった」と回答した。回答からは「社会の出来事を自分には関係ない，と思わなくなった」「買い物に行くと産地を見て地産地消を意識するようになった」「家でもSDGsについて家族と話しをするようになった」など，学校や授業の枠を超えて，教員一人ひとりが「市民」として行動の変容を示していることがうかがえた。

今後もこうした生徒と教員が「ともに学ぶ」実践を膨らませ，生徒も教員も「本気で」取り組むことのできる実践をつくっていきたい。

全国の学校で，「SDGsを取り入れた実践」が数多く進められるようになってきた。それらの実践が「SDGsについて知る」ことにとどまらず，「SDGsの達成を目指す学び」として数多く展開されることを期待している。

参考文献

埼玉県上尾市立東中学校『平成30年度研究開発学校　最終報告書』2019年
文部科学省『中学校学習指導要領解説　総則編』2017年
文部科学省『中学校学習指導要領解説　総合的な学習の時間編』2017年
松倉紗野香「上尾市立東中学校における実践（１）（２）」田中治彦・奈須正裕・藤原孝章編著『SDGsカリキュラムの創造』学文社，2019年，98-133頁
田中治彦・三宅隆史・湯本浩之編著『SDGsと開発教育』学文社，2016年

コラム　「持続可能な社会」を考える

2017年版学習指導要領ではその前文に「一人一人の生徒が…多様な人々と協働しながら様々な社会的変化を乗り越え，豊かな人生を切り拓き，持続可能な社会の創り手となることができるようにする」と明記され，持続可能な社会の実現に向けた教育活動の必要性について言及している。

上尾東中の先生方と一緒に授業づくりを進めるにあたって，「持続可能な社会っていったいどういう社会なのだろう」という疑問が湧いた。そこで，校内研修の場を使って，「持続不可能な現実から持続可能な社会を考える」というワークを行った。

先生方には，最初に「持続不可能だと感じていること」を付箋紙に書いてもらった。

- ・コンビニばかりの食生活
- ・食品ロスの多さ
- ・「車」中心の生活

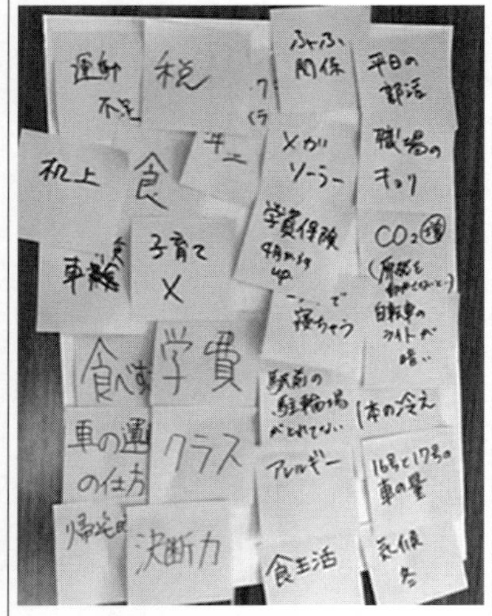

▲先生方から出された持続不可能だと感じること

日々の生活，社会のなかの出来事など，数え切れないくらいの「持続不可能な現実」が出てきた。

そこには，私たちの身近な生活のなかで感じている気候変動にかかわること，食品ロスにかかわること，働き方にかかわることなど，「社会課題」が数多く書かれていた。

つぎに，こうした課題を少しでも改善するにはどうしたらよいのかを話し合った。

- ・お米を炊くことからはじめる
- ・冷蔵庫の中を見てから買い物へ行く
- ・晴れた日は自転車を使う

上記のような，スモールステップでできることを考えることから始まった。

そうすると「そうか，私たちの生活のなかから『持続可能や社会』を見いだすこともできるのか」という声が聞こえてきた。

「持続可能な社会」という言葉は，学習指導要領の多くの教科のなかで明記されている。しかしながら，それらの言葉の意味合いについて改めて考えたり，先生方と議論する場は残念ながら多くはない。これまで私たちは「わかったフリ」をして授業をつくっていたのかもしれない。

SDGsに示された17の項目は遠い国の話ではなく，私たちのすぐ近くにあることばかりだ。まずは自分の生活を「持続可能」という視点で見つめ直してみることから「持続可能な社会の実現」に近づくのではないだろうか。

第 6 章
高等学校の授業―つくさかグローバルアクションプログラム

高等学校には，全日制，定時制，通信制，単位制，中高一貫校や大学の附属学校などさまざまな形態がある。また，普通科，**専門学科**（農業，工業，商業，水産，家庭など），**総合学科**など多様な学科がある。普通科では，卒業者のうち約 8 割が大学や専門学校などの高等教育機関へ進学している。専門学科ではそれぞれの学科の特色を生かした専門教育が行われている。総合学科は，生徒の主体的な科目選択による学習や，将来の職業選択を視野に入れた自己の進路への自覚を深めさせる学習の機会などがほかの学科に比べて多いのが特徴である[(1)]。

もともと各学校で多様な取り組みがなされている「総合的な学習の時間」（以下，「総合」）について，多様な形態，学科を含む高等学校において，その実践内容を端的にまとめることは非常にむずかしい。また，これまで ESD や環境教育は，小・中学校で実施される場合が多く，高校生を対象とした取り組みは少ないとされてきた[(2)]。さらに，大学受験に課される科目を重視する学校では，「教科横断的・総合的な学習や探究的な学び」が少なくなってしまうのが現状である。

いっぽうで，先進的に取り組む高等学校も多数みられる。**ユネスコスクール**として ESD に取り組む学校，**スーパーサイエンスハイスクール**（SSH）として科学教育の面から分野横断的に取り組む学校，**スーパーグローバルハイスクール**（SGH）として，グローバルな社会課題に取り組む学校など，それぞれの学校の特色を活かした展開がなされている。

著者紹介

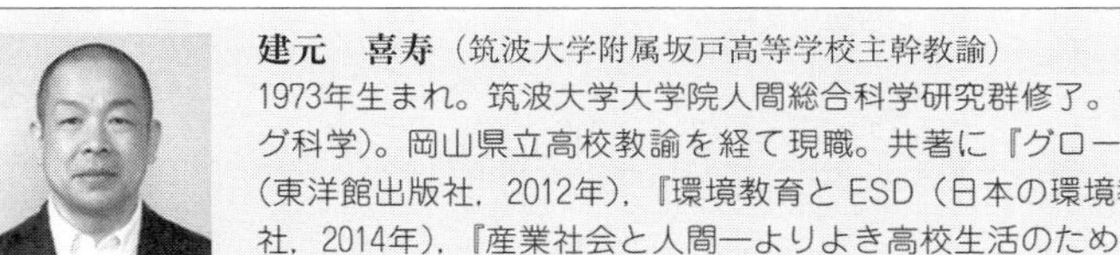

建元　喜寿（筑波大学附属坂戸高等学校主幹教諭）
1973年生まれ。筑波大学大学院人間総合科学研究群修了。博士（カウンセリング科学）。岡山県立高校教諭を経て現職。共著に『グローバル人材を育てる』（東洋館出版社，2012年），『環境教育と ESD（日本の環境教育）』（東洋館出版社，2014年），『産業社会と人間―よりよき高校生活のために（四訂版）』（学事出版，2020年）。

2019年度からは，SGH の後継事業にも位置づけられている「**ワールド・ワイド・ラーニングコンソーシアム構築支援事業**（WWL），および「**地域との協働による高等学校教育改革推進事業**」が開始された。両事業においては，各校で「SDGs などの社会課題」や「地域における諸課題」を具体的に設定し，課題解決活動を通じた探究的な学びを実現することが求められている[3]。

さらに，2022年度の入学生から順次適用される高等学校の学習指導要領では，「総合的な学習の時間」にかわり，「**総合的な探究の時間**」が導入されることとなった。高等学校は，**グローバル人材**の育成や Society5.0をみすえた教育内容への対応，大学入試改革や高大接続改革なども行われ，これまでにない変革期に入っている。このような時代のなか，「総合」の重要性が今後さらに高まっていくと考えられる。

この章では，総合学科高校での事例を中心に，高等学校における「総合」の具体的な内容と，高校生に与える影響についてまとめる。

第1節 「学習」から「探究」へ

（1）高等学校における「総合」の目標と課題について

上述のように，高等学校では2022年入学生から順次，「総合的な学習の時間」から「総合的な探究の時間」が導入されることとなった（一部の学校では2019年度より先行実施)。ここで，まず両者の目標を比較してみたい。

双方とも表6－1に示すとおり，「横断的」「総合的」「探究」「課題解決」といったキーワードが含まれており，両者はとても似ているようにみえる。しかし，2021年度までの「総合的な学習の時間」の目標の第1義は文末にある「自己の在り方生き方を考えることができるようにする」であり，自己と向き合うことを重視している。いっぽう，2022年からの「総合的な探究の時間」の目標は，「よりよく課題を発見し解決していくための資質・能力の育成」である。これは，高校生も社会を構成する当事者として，さまざまな人と協働し社会課題の解決していく方法を主体的な学びのなかで身につけ，実際に課題解決にもたずさわっていくことに他ならない。（1）～（3）に掲げられていることは

表6－1　総合的な学習／探究の時間の目標

2021年度まで	横断的・総合的な学習や探究的な学習を通して，自ら課題を見付け，自ら学び，自ら考え，主体的に判断し，よりよく問題を解決する資質や能力を育成するとともに，学び方やものの考え方を身に付け，問題の解決や探究活動に主体的，創造的，協同的に取り組む態度を育て，自己の在り方生き方を考えることができるようにする。
2022年度から	探究の見方・考え方を働かせ，横断的・総合的な学習を行うことを通して，自己の在り方生き方を考えながら，よりよく課題を発見し解決していくための資質・能力を次のとおり育成することを目指す。 （1）探究の過程において，課題の発見と解決に必要な知識及び技能を身に付け，課題に関わる概念を形成し，探究の意義や価値を理解するようにする。 （2）実社会や実生活と自己との関わりから問いを見いだし，自分で課題を立て，情報を集め，整理・分析して，まとめ・表現することができるようにする。 （3）探究に主体的・協働的に取り組むとともに，互いのよさを生かしながら，新たな価値を創造し，よりよい社会を実現しようとする態度を養う。

ESDそのものであり，「学習の時間」から「探究の時間」にかわることで，すべての高等学校で，ESDの実践が求められることになるといえる。

この要請に耐えうる「**社会に開かれた教育課程**」を各学校で築き上げていくことが，これからの大きな課題といえる。

（2）指導計画作成にあたって考慮すること

学習指導要領では，高等学校における「総合」の卒業までの標準単位数は，３～６単位とされている。また，「ただし，特に必要がある場合には，その単位数を２単位とすることができる」と記されている。あわせて「総合的な学習（探究）の時間の目標の実現のためには，卒業までに履修する単位数として３～６単位の確保が必要であることを前提とした上で，各教科・科目において，横断的・総合的な学習や探究的な学習が十分に行われることにより，総合的な学習の時間の単位数を２単位としても総合的な学習の時間の目標の実現が十分に可能であると考えられ，かつ，教育課程編成上，総合的な学習の時間の単位数を３単位履修させることが困難であるなど，特に必要とされる場合に限って，総合的な学習の時間を履修させる単位数を２単位とすることができる」とされていることから，通常は３～６単位での運用となる。このなかで，各学校の実情や目標に合わせて指導計画を作成することとなる。

また，学びの連続性の観点から，周辺地域の小中学校における「総合」の内容も可能なかぎり把握しながら，高等学校における「総合」の授業を計画していくことも重要である。生徒の主体的な学習を促すために，「総合」の課題設定の際には，教員側が指導しやすい枠組みやテーマ設定だけではなく，できるかぎり生徒の自主的な課題設定が実現できるよう，各学校の状況にあわせて指導計画を作成していくことが，授業を効果的に運用していくうえで非常に重要である。

高校時代は，その後の大学進学や就職など，将来のキャリア選択を決定していく重要な時期である。そのキャリア選択に「総合」が大きな影響を与えることもある。一部の教員のみに負担がかからないよう，地域や外部機関とも連携しながら学校全体で取り組めるようにしたい。

第2節　ソーシャルアクションを重視した授業事例

高等学校における授業事例として，ここでは埼玉県にある筑波大学附属坂戸高等学校（以下，筑坂（つくさか））の例を取り上げる。筑坂は，1994年度に日本で初めて総合学科を設置した高校の1つである。総合学科高校は幅広い選択科目のなかから生徒自ら科目選択を行い学ぶところが特徴で，筑坂にも農場や工場を利用した科目など多くの選択科目がある。地域に開かれた農場では，高校生が先生役として近隣の小中学生に対し自ら考え立案した「食育プログラム」を実施したり，地域住民と連携した「子ども食堂」の運営を行うなど，さまざまな活動

写真6-1　学校農場と高校生による食育活動

が行われている。国際教育にも力を入れており，2011年度にユネスコスクール，2014年度には文部科学省スーパーグローバルハイスクール，2019年度からは同じく文部科学省ワールド・ワイド・コンソーシアム構築支援事業の拠点校に指定されている。とくにインドネシアやタイ，フィリピンなどASEAN地域との交流が盛んで，毎年，相互に生徒派遣が行われるなど，活発な国際協働学習が実施されている。

筑坂の3年間のカリキュラム構造と，総合的な学習の時間の位置づけは，図6-1のとおりである。

まず，1年次では，地球市民性の醸成をめざした「グローバルライフ」を開講している。「家庭基礎」をベースとしたこの**学校設定科目**では，グローバル課題に対し当事者性をもたせるため，日々の家庭での食事や衣服と関連づけて，パーム油や綿花栽培といった森林破壊や労働問題，人権問題を含んだ課題を学ぶ。この授業には農業科や公民科など複数の教科の教員が参画し，多様な視点からSDGsと関連づけてグローバルな社会課題を学べるようにしている。また，高等学校の早期に，海外における探究活動の一端を体験できるよう1年次に海外校外学習（ASEAN 3カ国からの選択）を設置している。さらに，言語の多様性を学べるよう，選択制でインドネシア語講座を開講している。

2年次では，生徒全員がグローバルな社会課題に高校の間に一度は取り組め

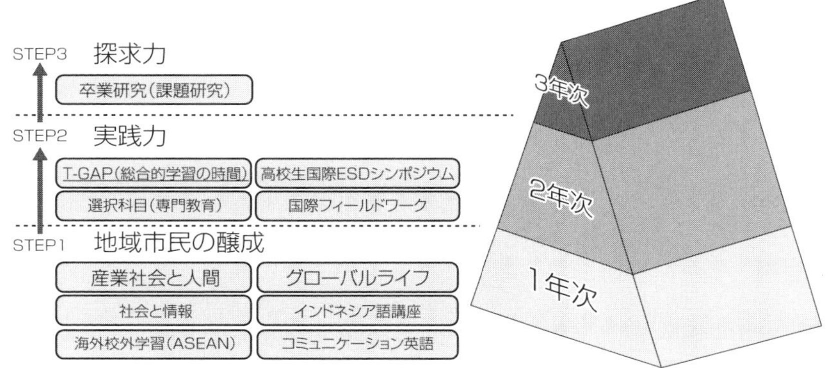

図6-1　筑波大学附属坂戸高等学校3年間のカリキュラムと「総合的な学習の時間」の位置づけ

写真 6－2　高校生国際 ESD シンポジウムと国際フィールドワークの様子

るよう，「総合」に「つくさかグローバルアクションプログラム」（以下，T-GAP）を設定している。グループ（1グループ4～5名程度）それぞれがグローバルな課題を設定し，外部とも連携しながら課題解決活動を行う科目である。そのほかにも，インドネシアの姉妹校と連携し「国際協働力」を育成することをめざし実施している選択制科目「国際フィールドワーク」，T-GAP や国際フィールドワークの成果を PPT やポスターとしてまとめ発表を行う場として，「高校生国際 ESD シンポジウム」をカリキュラムに位置づけて開催している。このシンポジウムでは他校（海外校を含む）の生徒と，ESD に関連する課題研究ベースの交流学習ができる場となっている。さらに，シンポジウムの運営は高校生が主体となって行っており，高校生のうちから国際会議の運営経験も得られる場となっている。

1年次「産業社会と人間（総合学科における原則履修科目）」，各学年の必履修科目・選択科目（専門教育）や学校行事と，2年次の T-GAP の学びが有機的に連動し，最終的に3年次で個人でテーマを設定し実施する課題研究（校内科目名：卒業研究）に収斂（しゅうれん）していくカリキュラム構造となっている。これにより複数年にわたる探究活動が実現できるものとなっており，T-GAP，卒業研究等の探究活動の成果をもって大学に進学する生徒もいる。

（1） 2年次「T-GAP」の実践

本科目は，2014年度にスーパーグローバルハイスクールに指定された際に開発した科目である。1年次の「産業社会と人間」や「グローバルライフ」などの科目で，複数の社会課題を扱っている。しかし，社会課題を知識として知るだけにとどまらず，その解決に向け自ら考えたアイデアで実際にアクションしてみることが，とても重要である。そこで，2年次T-GAPでは，具体的にグローバルな社会課題を設定し，高校生ができる解決策を考えてアクションを起こすことを生徒に期待している。グループで**ソーシャルアクション**に取り組むことによって，以下の資質・能力・スキルを身につけさせることを目標としている。

（1）自ら社会課題を設定し，解決に向けて考えて動く力=「考動力」
（2）設定した社会課題の解決に向けて，グループで取り組む力=「協働力」
（3）アクションした内容を適切なスタイルでプレゼンし文章にまとめる力=「課題研究汎用スキル」

筑坂は，グローバル教育の目標として「**共創的対話力**」(4)の育成も掲げている。グループで課題発見・解決活動に取り組むことは，「共創的対話力」を育成するひとつの方法であると考えている。また，「グローバル」といっても単に海外の課題というわけではない。地域においてもさまざまな課題が，グローバルな課題とつながっていることをT-GAPで気づいてほしいと考えている。たとえば，食育に関しても世界で発生しているフードロスなど食糧問題につながっている。地産地消についても，フードマイレージなどエネルギー問題とも深くつながっているのである。

教員の指導体制は，授業時間内や外部との対応は学年団（正副担任4クラス計8名）が担当するものとし，プロジェクトに関する質問やアドバイスは全教員であたっている。1年間の学習の概略は以下のとおりである（図6-2）。

1学期：テーマ選択と事前調査

いきなりグローバルな社会課題を設定して，アクションをすることはむずかしい。そのため，まずは教員がASEAN地域を事例とし，日本とも関連のある社会課題・テーマ（たとえば，外国人看護師問題，日系企業の進出，海外における日本語教育など）を複数提示し，その課題について生徒は事前調査を行う。

そして，調査段階で生じた疑問を，ASEAN 各国からの留学生に英語でインタビューし，後日まとめるというミッションを設定した。筑坂には，毎学期，筑波大学から ASEAN 各国の大学生が来校する（写真 6－3）。その時期にあわせた授業運営を行っている。ふりかえりは，活動報告レポートの提出をもって実施し，生徒は，事前調査の内容，英語質問，インタビュー内容のまとめと考察および所感を1200字程度のミニレポートにまとめて提出し，実際のアクションにつなげていくファーストステップとした。

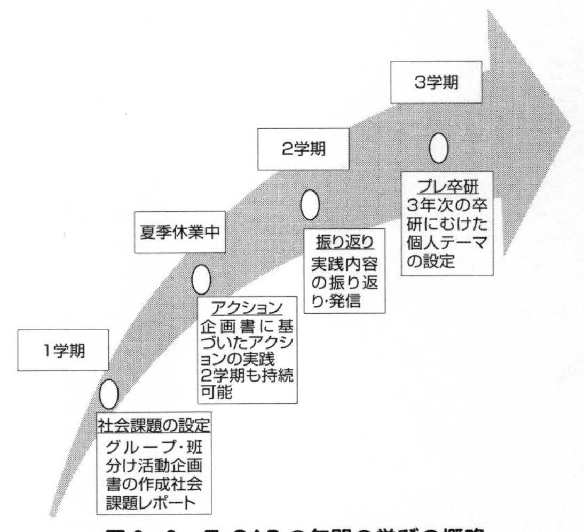

図 6－2　T-GAP の年間の学びの概略

写真 6－3　ASEAN 留学生との交流学習

生徒自身が行うソーシャルアクションのためのグルーピングや課題設定は，生徒のニーズに対し教員が効果的にサポートできるよう，年度ごとに柔軟に対応している。ある年度のグルーピングと課題設定手順は下記のとおりである[(5)]。

まず大きく表 6－2 のグループを設定した。生徒はそのなかから 1 つのグループを選び，同じグループを選んだ生徒同士が 4 ～ 5 名の班をつくり，ソーシャルアクションに取り組む体制をつくった。以下，各グループの概要を紹介している。

表6-2 グルーピングと課題設定手順の例

Aグループ	生徒のなかには，部活動やそのほかの課外活動に熱心に取り組む生徒がいる。このことは，すばらしいことであるが，グループでソーシャルアクションに取り組むうえで，日程調整等において困難が予想される。そのため，この年度では，そのような生徒に配慮するため，何らかの社会課題に取り組む既存の活動に参加することをもって，T-GAP の活動として認めることとした。具体的には，自らが興味のある社会課題を扱う既存の活動，たとえばNPOや社会福祉協議会が行う活動に参加し，同じ社会課題に興味のある生徒同士が班を組み，ふりかえり活動やプレゼンテーションに臨んだ。
Bグループ	計画から実行ふりかえりまでの一連のプロセス（PDCA）を1から回すことを目標とするグループである。編成された班内で，解決に挑む社会課題を設定し，高校生が取り組むことが可能な解決活動を策定し，アクションする。その際，活動の妥当性を判断するために，教員だけではなく，当該の社会課題を扱う外部団体，具体的にはNPO，行政機関，企業等からアドバイスを受けたうえでアクションするように促した。最終的に，班内でふりかえり活動を行い，プレゼンテーションを行った。
Cグループ	社会的な課題に対するアプローチの場として，東日本大震災以降の福島県いわき市周辺部をフィールドとして，調査・研究活動を行ったグループである。夏休みを利用して，宿泊を伴う調査を行いながら，福島県下の行政機関，NPO 法人，企業等の助言を受けながら，社会的な課題を発掘していった。また坂戸市内の福島の子どもたちの支援団体と協働で子ども支援ボランティアを7月下旬から8月上旬まで行った。またこれらの調査においては，生徒たちが主体的に外部のクラウドファンディング企業で調査費を募集し，多くの協力を得た。最終的に，班内でふりかえり活動を行い，プレゼンテーションを行った。本グループの活動は，NPO での活動経験が豊富な教員が中心となって生徒のサポートを行った。

このように，校内でも積極的に取り組める生徒やそうではない生徒，自ら課題を設定できる生徒もいれば，サポーターとしてかかわることが得意な生徒，ある程度教員主導でサポートを行うことで，その資質が伸ばされる生徒などさまざまである。また，年度により入学してくる生徒も教員団にも変化があるので，ある程度柔軟に対応したほうが学習効果はあがると考えられる。

グループのメンバーが確定したあと，各班は，班内で解決に挑む社会課題を設定しなければならない。班内でブレーンストーミングを繰り返し，1つの社会課題に絞っていった。そして，高校生が取り組むうえで妥当性のある解決活動を決定した。その際，担当教員以外にも，可能なかぎり活動に関連する外部団体（NPO，社会福祉協議会，企業，地方自治体など）に協力を依頼し，決定した活動に関してアドバイスを受けることを生徒に推奨した。これは，自分たちが選択した社会課題と解決のための活動が，偏った視点のものであったり，独りよがりなものになっていないか教員以外にも，取り組む課題に関連する専門家からのアドバイスをいただくことによって，活動の質を高めることができると考えたからである。

各班は，活動を具体化していくために活動企画書を書く。その段階で，扱う社会課題に関する，書籍，論文，白書，統計などを用いて確認を行った。そのなかで，文献の引用方法やレポートの書き方のトレーニングも行った。

表6－3　T-GAPで高校生が取り組んだプロジェクト例

1	地産地消：地元の野菜を声べよう
2	食育に関するワークショップ
3	地域福祉の現状～新たなる支え合いを求めて～
4	小学生のゲーム依存を軽減させる
5	食育に関するワークショップ
6	SAP：save animal project
7	福島県の観光業の課題と現状
8	風評被害の与える影響とその改善策
9	日本語ボランティア
10	防災倉庫改良プログラム
11	つるがしマルシェ
12	パーム油の認知度を上げるには
13	ファストファッション：中学生とともに学び国際協力へ
14	食べ初×ムスリム＝共生
15	イスラームマニュアル in TSUKUSAKA

（2018 加藤らより抜粋）

夏季休業中：アクション（解決のための活動）

各班は，主に夏休み期間中にアクションを行った。各班の活動テーマ例は表6－3のとおりである。夏休み以降も活動を継続した班も多く，年末まで活動を継続している班もあり，生徒の意欲の高さをみることができた。

2学期：活動のふりかえりと発信

2学期は，主にふりかえり活動と成果発表を行った。各班は，活動紹介ポスターの作成，および7分間のプレゼンテーションを作成した。優秀な評価を得た班が，11月の「高校生国際ESDシンポジウム」にてポスター発表に臨んだ（写真6－4）。

3学期：プレ卒研（卒業研究への導入）

2年次T-GAPは，3年次の「卒業研究」への流れのなかに位置づけて実施されており，生徒は，3年次の2学期完成を目標に「卒業研究」の執筆を行っていく。「卒業研究」は，個人が興味関心のある分野に対して課題を設定し，研究，制作などを行うものである。

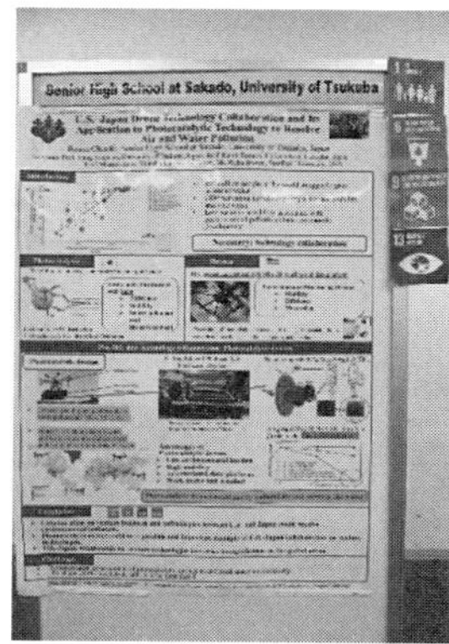

写真6-4　生徒の作成したポスター例とシンポジウムにおけるポスターセッションの様子

筑坂は，4つの科目群があり（生物資源・環境科学科目群，工学システム・情報科学科目群，生活・人間科学科目群，人文社会・コミュニケーション科目群），生徒はいずれかの科目群を選択する。科目群ごとに集まり，それぞれが「卒業研究」で扱いたいテーマについて議論を深めていく（テーマ設定は必ずしも科目群に関連したテーマでなくてもよく，分野横断的でもよい）。T-GAPと同じテーマで行う必要はないが，T-GAPと関連するテーマで継続的に取り組む生徒がいたり，T-GAPがきっかけとなり新たな着想が生まれる生徒もいる。

なかには，研究構想についてしっかりと話せていても，「これが研究になるのかが不安」や「この先どのように研究を進めていけばよいかわからない」という悩みを口にする生徒もみられる。このような悩みは，まだ本格的な研究活動を行っていない高校生であれば，多くの生徒がこのような不安を抱くものである。

そこで，まず研究テーマを設定するための参考として，これまでに書かれた先輩の卒業研究を参考にしたり，「自分の科目群（専門分野）に関するもの」や「進路との整合性があるもの」などテーマ設定の仕方について説明を行ったうえで，個人に「仮テーマ提出シート」の執筆を提出してもらっている。さらに，自分が「やりたいこと」を研究に結びつけるため，問いのスパイラルを起こすことの重要性を指導した。また，附属学校は親大学の教授が校長になるケースが多く，筑坂でも大学教授を兼任している校長から「研究の進め方」という講話を受ける。生徒たちは研究とは何かを学んだうえで，「仮テーマ提出シート」の執筆を行った。

シート提出後は，卒業論文についての概要を説明し，書く際に必要となる基本的な事項を確認した。1つは，参考文献の表記の仕方である。仮テーマを書かせるにあたり，CiNii や Google Scholar を用いた先行研究の検索はすでに行っているので，調査した資料を参考文献として自分の論文に引用するやり方をワークショップ形式で指導した。最終的には，研究テーマごとに生徒をグループ化し，1人5分以内で研究構想を発表した。そしていよいよ3年次の個人研究の完成に向けて，調査および論文執筆へと進んでいくこととなる。

第3節　マルチステークホルダーによるテーマ設定と授業のふりかえり

（1）学習指導要領との関連と指導上の留意点について

探究的な活動を行う場合，やはりむずかしいのは科目の目標を達成し，深い学びにつながる課題を設定することである。学習指導要領には課題の設定について「目標を実現するにふさわしい探究課題については，地域や学校の実態，生徒の特性等に応じて，例えば，国際理解，情報，環境，福祉・健康などの現代的な諸課題に対応する横断的・総合的な課題，地域や学校の特色に応じた課題，生徒の興味・関心に基づく課題，職業や自己の進路に関する課題などを踏まえて設定すること」と記載されている。指導の効率性を考えれば，教員が課題を与え方向性を決めてしまうほうがよいかもしれないが，生徒の主体性を引き出し，自分ごととして主体的に取り組める課題に生徒自らがたどり着けるような教員からの働きかけが重要である。時間や労力はかかるが，安易な課題設定は避け，生徒と対話を行いながら設定するべきである。

教員が果たす役割のイメージとしては，ゴルフにおけるキャディーのような役割を思い浮かべてほしい。導入期の課題設定の際に，取り組むテーマを教員が決めてしまい，まとめのプレゼン発表の際に，あれこれと内容を指示してはいけない。あくまでプレーをするのは生徒であって，教員は生徒のキャディーとして，探究活動に対してときには深い気づきに向かうアドバイスをしたり，ときには勇気づけ，生徒のパフォーマンスを最大限引き出せるような役割を担いたい。

（2）授業の評価について

「総合」における生徒の学習状況の評価にあたっては，ペーパーテストなどの評価の方法によって数値的に評価することは，適当ではないとされており，指導要録の記載においても，評定は行わず，所見などを記述する。

生徒の成長を多面的にとらえるために，多様な評価方法や評価者による評価を適切に組み合わせることが重要であるとされている。評価の方法として，以下が例示されている。

- ・プレゼンテーションやポスター発表，総合芸術などの表現による評価
- ・討論や質疑の様子などの言語活動の記録による評価
- ・学習や活動の状況などの観察記録による評価
- ・論文・報告書，レポート，ノート，作品などの制作物，それらを計画的に集積したポートフォリオ（小学校中学校からの蓄積があると望ましい）による評価
- ・課題設定や課題解決能力をみるような記述テストの結果による評価
- ・評価カードや学習記録などによる生徒の自己評価や相互評価
- ・保護者や地域社会の人々等による第三者評価など

ルーブリックを用いた**パフォーマンス評価**も行われている。ウェブサイトでもさまざまな評価方法や事例が紹介されており，各学校で工夫しながら進めていきたい。実際の活動概要と指導教員のコメントを資料に示す。

〈資料〉生徒の探究活動事例と協力団体および実際に指導した教師側の評価コメント例

■「企画名：パーム油の認知度を上げるたには」

【活動概要】

パーム油をご存じだろうか？　チョコレート，洗剤，シャンプー，お菓子な

ど，日常生活において毎日使用するものに使われている油である。とても便利な油であるが，その陰でさまざまな問題を引き起こしている。例えば，プランテーションを造成するために熱帯雨林が伐採され，貴重な動植物が絶滅の危機に瀕している。そのため，このグループは，パーム油とその問題点を広く市民に知ってもらうことが大切だと考え，認知度を向上させるための活動に取り組んだ。具体的には，本校学校説明会にてパーム油を紹介する模擬授業を実践した。また，WWF ジャパンの実施する勉強会にボランティアとして参加し，普及活動に携わった。

【協力団体】

公益財団法人世界自然保護基金ジャパン（WWF ジャパン）

【担当教員のコメント】

一年次必履修科目「グローバルライフ」で，パーム油の問題点について授業した。その内容を活用して，具体的な活動を策定した点が評価できる。また，活動の妥当性を判断するために，WWF にアポを取り，インタビューしたことも評価できるだろう。しかしながら，活動の回数がやや少なかったことが悔やまれるが，新聞への投書など，普及のための活動に継続的に取り組んでいるところが評価できる。

■「企画名：日本語教育と多文化共生社会」

【活動概要】

筑坂は，SGH に指定されて以来，外国にオリジンをもつ生徒を積極的に受け入れてきた。また，坂戸市に目を転じると，外国人労働者が増加傾向にある。この班は，地域の外国人との共生を課題として設定した。そして，具体的な解決活動として，地域の日本語教室にてボランティア活動に取り組んだ。また，坂戸・鶴ヶ島近辺の外国人が集う祭りである「つるがしマルシェ」の企画・立案に携わり，主催者である大学の関係者の皆さんとともに活動した。

【協力団体】

坂戸市内日本語ボランティア団体，坂戸市内大学関係者

【担当教員のコメント】

共生社会というテーマは，SGH である本校に大いに当て嵌まる。また，学校近辺のイベントである「つるがしマルシェ」に携わったことは，地域，外国人，そして大学という 3 つのステイクホールダーと共に企画に携わる良い経験になったようである。さらに，外国人への日本語支援ボランティアに継続的に関わったことは，共生社会を実現するうえで地に足の着いた活動であり評価に値する。

■「企画名：α 企画　防災倉庫改良協計画」

【活動概要】

この班は，「災害大国ニッポン」と「訪日外国人旅行客」のふたつのキーワードに着目した。すなわち，訪日外国人が増加しつつある中，日本におけるイスラーム教徒向けの防災対策はどの程度進んでいるのか，という課題を設定した。本校の防災倉庫を調べたところ，イスラーム教徒向けの「ハラール認証」を受けた非常食が完備されていないことが判明した。そのため，文化祭での募金活動，近隣中学校の防災倉庫との比較を行い，最終的にハラール認証非常食である「α米」を本校防災倉庫に置くことができた。

【協力団体】

東京都内のモスク，坂戸市内中学校

【担当教員のコメント】

この班は，課題設定に時間を要したが，災害と外国人というふたつのキーワードを結び付け，最終的には課題設定に成功した。調査の段階で，近隣中学校ではハラール認証を受けた非常食が完備されていることが判明し，イスラームの留学生を多く受け入れている本校の態勢の不備が明らかになった。この調査がきっかけとなり，本校もハラール認証非常食を設置するに至った。

■「企画名：ファストファッションの光と影　中学生と取り組む国際協力」

【活動概要】

大量に廃棄される衣料品，開発途上国の劣悪な縫製工場で働く労働者……。近年，ファストファッションの抱える問題点がクローズアップされている。このグループは，ファストファッションの問題点について調査し，課題解決のために未来の消費者である「中学生」にファストファッションの光と影を伝える活動に取り組んだ。近隣中学校での出前授業や不要となった衣料品を回収し，UNQLO「服の力プロジェクト」に衣料品を提供した。

【協力団体】

坂戸市内中学校，株式会社ファーストリテイリング

【担当教員のコメント】

一年次必履修科目「グローバルライフ」で，ファストファッションの光と影についてディベートに取り組んだ。その内容を活かし，課題設定と解決活動を策定した。限られた時間の中で，近隣中学校と交渉し出前授業までこぎつけたことは，評価に値する。また，衣料品の回収活動は，近隣の複数の小中学校で実施し，かなりの量の衣料品を回収することができた。

（2018 加藤らより抜粋，一部改変）

第4節　高校生の未来を拓く「総合」のすすめ

（1）事例のふりかえりと授業づくりの魅力と失敗について

筑坂は，もともと1946年に地元の専門学科高校として誕生した。1994年に総合学科高校に改編してからも，農業や工業など実学に根差した学習活動を行ってきた。このため，地域と連携した諸活動は比較的，得意としている学校である。いっぽうで，社会のニーズの変化から，学校に求められているものも変わってきている。たとえば，農業科の視点からいえば，以前は地元の後継者育成という「農業を教える」という面が強かったが，現在では入学してくる生徒も変化し，食糧問題，環境問題，労働問題などさまざまな社会課題につながっている農業の特性を活かした「農業で教える」ことを重視している。また埼玉県坂戸市という地域の視点でみても，地域でくらす外国人も増加し，地域における共生がテーマとなっている。そのような時代背景のもとに生まれたのがT-GAPである。

授業を開発していくうえで，教員のなかには，自分の専門とする教科教育には非常に熱心でも，教科の枠を超えた活動には後向きな者もみられた。また，「ローカル」には強くても「グローバル」を遠ざける教員も少なからずいた。たとえば地域でのイベントには積極的でも，海外の皆さんとのイベントにはその積極性が発揮されない（しない）例もみられた。そんな状況を変えていってくれたのがT-GAPである。表6－3で示したように，大人が思いつかないようなさまざまなプロジェクトを生徒が考え，それを実現する姿をみたり，その実現のサポートをするなかで，教師側が学ぶことも非常に多く，これまでかかわったことのない分野にであったり，新たな体験をすることもある。T-GAPで得た新たな視点が，教科教育の見直しや改善につながる場合もある。SDGsでは，協働性や統合性，同時解決性やパートナーシップが重視されているが，T-GAPが起点となり，いうなれば学校の「SDGs化」が進んだといえる。

（2）生徒の変容と「総合」への招待

「総合」をはじめとする探究的な学習がきっかけとなり，自己のキャリア選択に大きな影響を与える事例が高等学校では数多く存在する。その例を以下に「**学びのシークエンス（連鎖）**」として示す。

① HK さん（男子生徒）

入学時
『銀の匙』に影響をうけ農業に興味

高校時
地域の環境調査活動に取り組む

卒業後
海の生態系をまもるために海洋学部へ

HK さんは，農業に関するコミックである『銀の匙』（小学館，2011～2019年）に影響をうけ，農業に取り組むことができるという視点で高校を選んだ。そして実際に，農業に関する授業を選択し学んでいき一定の満足感は得られていた。しかし，HK さんの場合 T-GAP が転機となり，環境問題に深くかかわっていくことになる。HK さんは，T-GAP では３人でグループをつくり，学校のある坂戸市周辺の環境調査（水質，指標生物調査など）を行い，その結果をポスターにまとめ，地域の環境学習施設で発表を行った。その際，地域住民から多くの反応をもらうことで環境教育活動の重要性に気づく。指標生物のなかに魚類も含まれていたことで，魚類への興味を深めたころ，ちょうど，マイクロプラスティックによる環境汚染が大きな問題となってくる。そこで，HK さんは３年生の卒業研究で，「『海なし県埼玉』でもマイクロプラスティック問題学べるマイワシを利用した環境教育教材の開発」に取り組むこととなる。大学では，高校でかかわった海洋問題を継続するために海洋学部に進むことになった。

② KY さん（女子生徒）

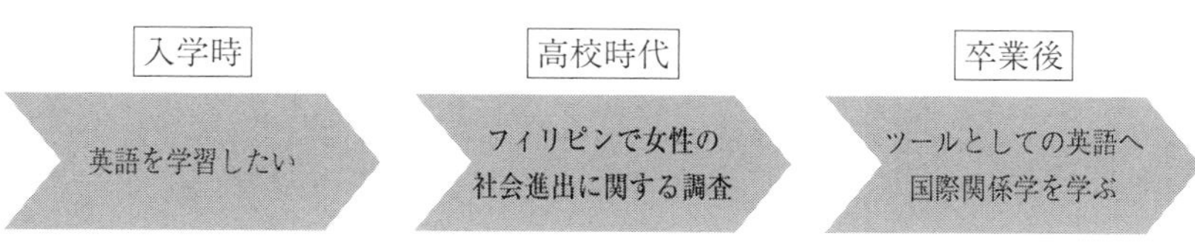

KY さんは，入学当初は「英語を学びたい」という希望を抱いていたが，卒業間際のアンケートでは「英語を第一に学ぶのではなく，ツールとしての英語の学びに変化した」と３年間をふりかえっている。総合的な学習の時間をはじめ，高校入学後，さまざまな社会課題に向き合ったなかで，KY さんは，「フィリピンで女性の社会進出が進んでいるのはなぜか」という問いにたどり着き，卒業研究を進めていった。そのプロセスで，現地調査を実施するためにフィリピンに渡航した。ジェンダーの専門家や家政婦さんたちに精力的にインタ

ビュー調査に取り組んだ。この経験から，彼女は英語を課題研究活動において求められるツールだと認識するようになったのである。卒業後は，大学で国際関係学を学ぶこととなった。

③ ZN さん（男子生徒）

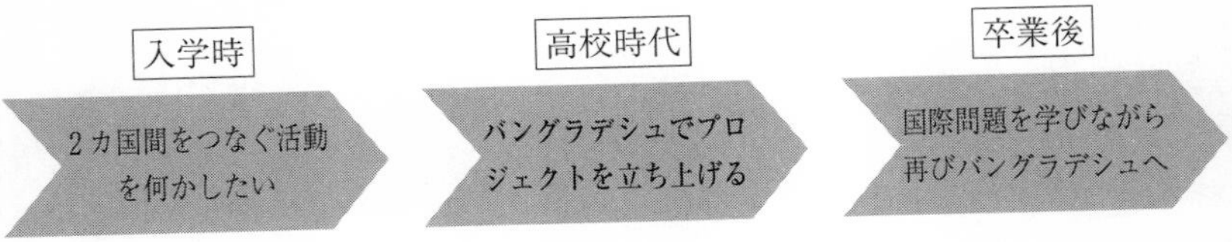

入学時	高校時代	卒業後
2カ国間をつなぐ活動を何かしたい	バングラデシュでプロジェクトを立ち上げる	国際問題を学びながら再びバングラデシュへ

ZN さんは，日本で生まれ日本で育ったが，両親がバングラデシュ出身で外国籍の生徒である。将来は，何か日本とバングラデシュをつなぐ活動をしたいと，漠然とした状態で高校に入学してきた。入学後は，学校生活にうまくなじめない時期もあったが，持ち前の明るさと優しさでクラスでも人気者となる。そんな ZN さんも，自分に何ができるか，高校生活を送るなかで考え，母国バングラデシュで問題となっているアパレル産業に関連したプロジェクトを立ち上げることを決意する。2013年４月にバングラデシュの首都ダッカにある，ラナプラザ縫製工場ビルで起きた倒壊事故は，全世界に生産や労働，人権問題のあり方を突きつける事故であった。ZN さんは，「適正価格で取引され，さらに売り上げの一部が現地の小学校の教育施設の整備にもつながるＴシャツの販売システムの構築」を思いつき，実際に，プロトタイプであるがプロジェクトを実行に移した。この経験がもとになり，プロジェクトを持続可能なものとするため，大学で国際経営学を学ぶ道を選んだ。

ここでは，３名の生徒の高校３年間での変容を示した。みなさんは，どのような感想をもったであろうか。「総合」やそれにつながったさまざまな活動がきっかけとなり，将来の道がみえ，大きく成長した生徒と出会うと，教科教育だけにとどまらない学びのなかに，大きな可能性を感じとることができる。

教職課程を履修していても，必ずしもすべての人が教員になるとは限らないだろう。教育実習を最後に，教壇に立たない学生のみなさんのほうが多いかもしれない。しかし，「総合」の指導法を学んだことで，学校が常に変化していて，より社会に開かれた存在になってきていることに気づいたのではないだろうか。これからは，教員というかたちではなくても，地域住民として，企業人として，NPO の職員としてなど，これまでにないさまざまなかたちで，より多くの人たちが学校にかかわっていくことになるだろう。教員以外の道に進む選択をする人も，ぜひ，未来を担っていく若者の学びのトリガーを弾きに，いつの日か何らかのかたちで学校現場にかかわり，高校生の未来を拓く一翼を担ってほしい。

参考文献

佐藤真久・広石拓司『ソーシャル・プロジェクトを成功に導く12ステップ―コレクティブな協働なら解決できる！　SDGs 時代の複雑な社会問題』みくに出版，2018年

山内道雄・岩本悠・田中輝美『未来を変えた島の学校―隠岐島前発 ふるさと再興への挑戦』岩波書店，2015年

服部次郎『産業社会と人間［四訂版］―よりよき高校生活のために』学事出版，2020年

注

（1）文部科学省 https://www.mext.go.jp/component/a_menu/education/micro_detail/__icsFiles/afieldfile/2011/11/04/1312817_12.pdf（2020年1月30日閲覧）。

（2）関東地方 ESD 活動支援センター　https://kanto.esdcenter.jp/rep191116/（2020年1月30日閲覧）。

（3）建元喜寿「今後の教育に不可欠な『ESD/SDGs』（特集：キーワードでつかむ最新教育改革動向）」『月刊高校教育』52（11），学事出版，2019年，36-39頁。

（4）「共創」とは，さまざまな立場の人・組織などと協働し，社会課題を解決し，新しい価値を「共」に「創」りだすこと。そのために必要な地域・国・世代などを越えた対話力を意味する。

（5）加藤敦子他「平成29年度『T-GAP』実践報告―ソーシャルアクション型授業の開発と実践」『筑波大学附属坂戸高等学校研究紀要』第55集，2018年，31-52頁。

コラム　グローバル人材を育成できる教員の育成

教員生活をはじめてから10年が経過した2008年４月，筆者は現職教員特別参加制度*を利用し，国際協力機構（JICA）の青年海外協力隊員として，インドネシアへ渡った。２年間，学校現場を離れ，環境教育の隊員として西ジャワ州の国立公園で活動を行った。公園のプロモーション活動，地域住民との清掃活動，公園周辺地域の小中学校で環境教育出前授業，首都ジャカルタにある日系企業のCSR活動と国立公園の橋渡しなど，学校現場では体験できない，多くの経験をつむことができた。

ESDやSDGsでは，マルチステークホルダーとのかかわりが重要である。地域，企業，NPO，大学などと連携し，社会に開かれた教育課程を実現することが求められている現在の学校現場において，協力隊に参加したことで得られた経験は，自身の大きな支えとなっており，今でも宝物となっている。

社会のグローバル化が叫ばれているなか，高等学校でも，各学校でグローバル人材の育成が求められている。グローバル人材の定義はさまざまで，一概にいうことはできないが，シンプルに「国内外でさまざまな人，グループとつながり，社会課題の解決に協働的に取り組める人」と定義すると，「総合的な学習／探究の時間」をコアに，学校全体としてどのようなプログラムを生徒に提供できるかが鍵となってくる。

そこで重要になってくるのが「グローバル人材を育成できる教員の育成」である。これまで教科教育が中心であった教員が，いきなり「グローバル人材の育成！」といわれても，戸惑うことが多いであろう。そんなとき，協力隊をはじめ，協働活動の経験が豊富な教員が，校内でファシリテーターとして活動し，教員間の「協働」を進めていくことができれば，日本のグローバル教育も大きく変わってくる可能性がある。学校現場の実感として，経験の少ない先生方でも，きっかけさえつかめば，「グローバル」に対する「心の壁」を越えていける。筆者勤務校でも，当初は積極的ではなかった国語科の先生が，日本文化をベースにした交流をきっかけに，いまでは校内の国際教育推進委員会のメンバーとして活躍している。

「グローバル」に対し苦手意識をもたれる先生方も多いが，見方を変えればグローバルな世界も，ローカル（地域）の集合体である。交流のあるインドネシアの農村でも若者が都市部に流出する過疎が進んでおり，後継者不足に悩んでいる。これは，まさに日本の農村がかかえている問題でもあり，国を越えて共通する，地域課題といえる。農村部出身の身としては，正直，農村がかかえる課題について，日本の都市部の住民と話をするよりも，インドネシアの農村部の人たちとのほうがわかり合えるときがある。

さまざまな「壁」を乗り越え，社会がかかえる課題に，SDGsをベースに生徒とともに取り組んでいける教員が増えていけば，いまとはまったくちがった教育が，学校で展開されていくであろう。

＊現職教員特別参加制度とは，公立学校，国立大学附属学校，公立大学附属学校，私立学校および学校設置会社が設置する学校の教員が「教員」としての身分を保持したまま青年海外協力隊へ参加する制度。本制度は日系社会青年海外協力隊・日系社会シニア海外協力隊にも適用されている。

第 7 章
子どもの問いから始まるSDGs目標

第1節　SDGs目標と授業づくりの結びつき

（1）授業におけるSDGs目標の扱い方

SDGs17目標は，国連に加盟国が達成する目標を掲げたものである。たとえば，目標1は「あらゆる場所のあらゆる形態の貧困を終わらせる」とあり，その下位ターゲット1.1は「2030年までに，現在1日1.25ドル未満で生活する人々と定義されている極度の貧困をあらゆる場所で終わらせる」と書かれている。しかし，これは，一般市民の手に余る大きな目標であり，大切だとはわかっていても何から始めればよいのか，かえって途方にくれてしまう内容である。

私たちは，特別なことがない限り，これら世界の諸課題が生起する現場に立ち会うこともできないし，メディアや文献・映像資料を通して間接的にしか目にすることができない。しかし，想像力を働かせて，それを「授業」というかたちで，子どもたちと学び合っていくことはできる。それこそが，実践者としての教員の仕事なのである。

本章では，SDGs17目標をどのように理解して授業づくりに結びつけていけばよいのか，具体的な取り組みから考えてみよう。

（2）教材としてのSDGs目標

SDGs17目標を，第3章の「授業の構造」のなかの「教材」として考えてみよう。もちろん，そのまま提示しても授業では使えないので，以下の4つの視点から教材化してはどうだろう。

①各教科・各領域の授業内容と関連づける

今次の学習指導要領に準拠した教科書には，「持続可能な社会」に関連する内容がたくさん入っている。たとえば，国語，社会，理科，英語，家庭科，道徳などの内容を，17目標と関連させて教材化することができる。

②教科書の内容を超えた発展的な教材として扱う

近年，民間団体が開発した17目標をカードゲーム化した教材や，完結性のあるプログラムが普及している。その特性を見極めたうえで，また該当教科・領域の教育課程に位置づけたうえで活用できる。

③子どもが「問い」を生み出す「タネ」になる

子どもが自ら「問い」を立て，その解決のためにスパイラルな探究的な学習を進めていくとき，17目標はその学習を広げ深める重要なヒントになる。

④学校外のステークホルダーと協働するときのツールになる

社会に広がる17目標は，立場の異なる当事者と子どもが議論をする際の共通言語になりうる。これは，第17目標の「パートナーシップ」にも通じる。

以上の視点をふまえて，後述の第2節（目標1・16），第3節（目標14・15），第4節（目標5・12）において，授業で取り上げる際のヒントを提案する。これらのなかで最も重要なのは，③の「子どもが自ら問いを立てる」ということである。SDGs 17目標は，行動の達成目標であり，教育内容を含む教材にもなるが，学習する子どもにとって意味があるものにするためには，「なぜなのか？」「本当にそれでいいのか？」「別の考え方はないだろうか？」などの批判的な思考をベースとした探究課題（=「問い」）にバージョン・アップすることが重要なのである。しかも，それは子どもの日常的な生活・感覚と結びついた「自分ごと」になっていなければ，学習のリアリティーと必然性を失ってしまう。その意味で，私たちは，この「**問い**」を，大空に芽を出し，葉を広げ，花を咲かせるための「**タネ**」と同じものと考えている。具体的には，1つの目標の学習から「問い」を生み出し，教員や子ども同士の相互行為によって，その目標が他の目標にも密接につながっていることに気づき，地域／社会／世界の諸課題を包括的に理解する，批判的に考える，実践的に働きかけるなどの学習に発展していくイメージである。それは，教員から子どもへの一斉指導によるトップダウン型の授業ではなく，教員のファシリテーションによって子ども同士が共創し創発するネットワーク型／ボトムアップ型の授業となるだろう。

第2節　目標1・16「貧困と正義，そして平和」

（1）目標としての問い

①目標1「あらゆる場所のあらゆる形態の貧困を終わらせる」

貧困とはどのような状態だろうか。

お金がないとき，人は自分を貧困だと思い，わが身を嘆く。そのとき，食べものもないとしたらどう思うだろうか。

私たちや子どもたちにとっての貧困イメージは，「食べるものも入手することができず，食うや食わずの生活を送っている状態」（絶対的貧困）であることは間違いない。ターゲット1.1「2030年までに，現在1日1.25ドル未満で生活する人々と定義されている極度の貧困をあらゆる場所で終わらせる」（下線，筆者）は，このような**絶対的貧困**（下線部）の撲滅をめざしている。

これまでも多くの学校で，絶対的貧困を撲滅するキャンペーン活動が展開されてきた。小学校などを中心に長年取り組まれているユニセフ募金は，その最たるものである。絶対的貧困状況におかれている人々に対して，支援・救援の手を差し伸べる活動はとても大切だ。「どうして世界中から飢えがなくならないの」と子どもたちが疑問に思ったとき，その問いを大切に，行動に移せるような活動をしてほしいし，そのための教育活動は絶対に必要である。

②ターゲット1.2「2030年までに，各国定義によるあらゆる次元の貧困状態にある，すべての年齢の男性，女性，子どもの割合を半減させる」

「日本に貧しい人なんて，本当にいるの？」…目標1では，「あらゆる場所で」のほかに，「あらゆる形態」の貧困に終止符を打つことがうたわれている。どうやら，貧困にもさまざまな形態があるようだ。

日本で最も過酷な貧困状態にある人々のうち，ホームレス（野宿など）状態の人たちは，実際には，さまざまな労働（建設業や土木作業，あるいはゴミや資源回収業など）に従事して，お金を稼いでいる。たとえばアルミ缶の引き取り

著者紹介

鈴木　隆弘（高千穂大学人間科学部教授）
東京学芸大学大学院連合学校単位取得満期退学。中・高等学校非常勤講師，清和大学法学部教員を経て，現職。専門は，開発教育・社会科教育・公民教育。
「開発教育における難民問題学習とその課題」『開発教育』第66号（単著，開発教育協会，2019年）。

価格は，115円／kg（税込）であり（2020年2月9日現在：（株）大畑商事取引相場），ドル円相場では110.67円＝1ドル（同日，三菱UFJ銀行取引相場）である。もし彼らが，1日1kg強のアルミ缶を収集，売却すれば，ターゲット1.1の救済対象ではなくなるようだ。しかし，1日1.25ドルで生活する人たちが裕福だとは思えない。そこで，別の貧困の考え方が登場する。それが，**相対的貧困**(1)である。

相対的貧困とは，大ざっぱにいうと，実質の手取り収入を世帯人員の平方根で割って調整したうえで，一人ひとりを調整された所得順に並べたとき，中央値の人の半分に所得が満たない状態のことを指す。この状態にある人の所得が，現在の日本ではおおよそ150万円未満であり，そのような人が全体に占める割合が，総務省「全国消費実態調査」（2009年）では10.1%，厚生労働省「国民生活基礎調査」（2012年）では16.1%となっている。この相対的貧困状態の子どもの割合が，子どもの貧困率であり，2015年は13.9%，つまり子どもの約7人に1人が貧困状態にあることとなる。

「でも，食べられない子どもなんて見ないし，服を着ていない友だちもいない。だいたい，家のない奴なんていないよ」。そんな声が子どもたちからも聞こえてきそうだが，この相対的貧困状態は，即死しかねない状態ではない。いつもおなかが減っている，服を買い換えることができない，スマートフォンが持てない，ディズニーランドに行ったことがない，祝儀や香典が用意できず参加できないなど，さまざまな機会を喪失することに課題があるのである。

③子どもの貧困の問題点と解決方法

「子どもの貧困は何が問題なの？」…イギリスの社会学者P. タウンゼント（Townsend, P. B.）は，豊かな社会のなかの貧しさを見いだした人物(2)である。彼は相対的剥奪という概念を提示し，「社会のなかで当たり前に思われていることが享受できない状態」を貧困の特徴として定義した。

『東京都子供の生活実態調査報告書【小中高校生等調査】』では，子どもの生活困難を「低所得」「家計の逼迫」「子供の体験や所有物の欠如」と3つの要素から分析しているが，そこでは，「金銭的な理由から，食料や衣類の購入，公共料金の支払いができなかった割合は，困窮層に多い」だけでなく，「子供の所有物や海水浴・スポーツ観戦などの体験の有無は，生活困難度により差」が生じており，「授業がわからないと感じる子供は，一般層に比べ困窮層に多い」ことに加え，自宅に勉強場所がなく，部活動への参加率が低いとし，「一般層に比べ困窮層の子供は，孤独を感じる割合が高く，主観的幸福度が低い傾向にある」としている。また，「一般層に比べ困窮層の保護者は，正規社員の割合が少ない」うえに，「主観的健康状態が悪く，抑うつ傾向にある割合が高い」と明らかにしている(3)。

この調査結果からわかるように，貧困状態にある子どもも，大人も幸福度が低く，自己肯定感に欠け，健康に不安をもち，学習機会や就労機会が奪われている。つまりSDGs目標１は，私たち全体で解決すべき課題であると同時に，学校が率先して解決すべき課題でもあるということである。

では，どうやって解決すればよいのだろうか。たとえば，給食の無償提供，教材費の支給などが考えられるだろう。一度も家族旅行の経験がない子どもには，修学旅行が初めての旅行体験になるかもしれない。学校ができることはまだまだあるのだ。ここでは，ターゲット1.3「各国において最低限の基準を含む適切な社会保護制度及び対策を実施し，2030年までに貧困層及び脆弱層に対し十分な保護を達成する」も参考にしてほしい。

④貧困のジェンダー・ギャップ

「どうして，女性の生活はたいへんなの？」…貧困問題を考えるうえでもう１つ課題になるのが**ジェンダー・ギャップ**である。日本の女性の場合，結婚・出産によって仕事を辞めてしまい，キャリアが途絶することなどはよく知られている。ほかにも，女性ひとり親世帯の貧困率が高いことが知られている。2016年の厚生労働省調査によれば，年間就労収入が母子世帯200万円に対し，父子世帯398万円と約２倍の差がついている。図７-１(4)をみるとわかるとおり，女性無業のひとり親が就業した場合，ほとんどの国では相対的貧困率が一気に低下する。しかし，日本ではほとんど変化がみられない。

つまり，日本の女性のひとり親家庭は，働いても貧困から抜け出せないとい

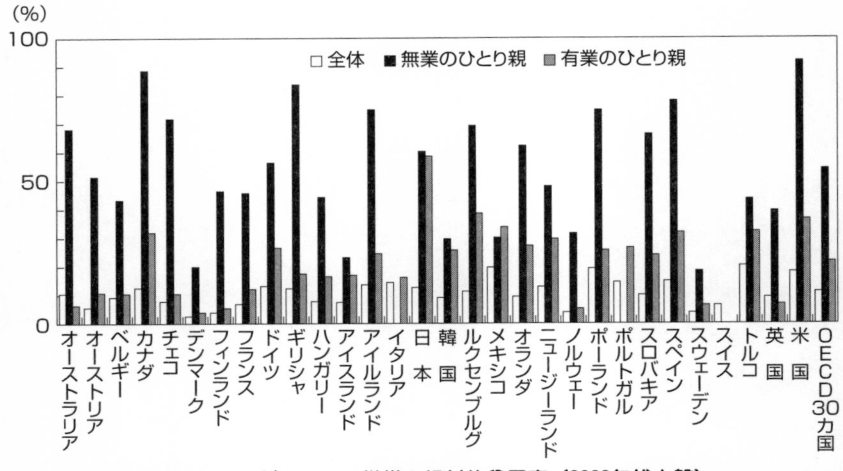

図 7 - 1　子どものいる世帯の相対的貧困率（2000年代中盤）

う状況にある。ここでは，ターゲット1.4「2030 年までに，貧困層及び脆弱層をはじめ，すべての男性及び女性が，基礎的サービスへのアクセス，土地及びその他の形態の財産に対する所有権と管理権限，相続財産，天然資源，適切な新技術，マイクロファイナンスを含む金融サービスに加え，経済的資源についても平等な権利を持つことができるように確保する」を思いだそう。

（2）貧困から実践課題を考える

「どうして，貧困になるの？」…なぜ，人は貧困になるのだろうか。なかには，怠惰が主因で貧困になる人もいるかもしれない。しかし，大金持ちの息子や娘が怠惰だったとしても，簡単には貧困にはならないし，そういった人が日本でも増加しているとよくいわれる（格差拡大）。つまり，貧困に陥る原因が個人的な事情だったとしても，家族状況や人間関係，社会状況などによって左右されるのである。

学校，企業（就業），家族，福祉制度，そして自分への自信を失う。こういった排除プロセスを経て，貧困に陥ると指摘したのが湯浅誠であったが，加えて，住居からも排除されれば，人はホームレス状態に陥る。

では，人はどのような過程によって住む家を失うのだろうか。

忘れがちなのは，戦争や災害である。戦争によって安全に住む場所を喪失したり（難民の発生），東日本大震災などの災害によって住む家を流されたり，放射線が及ぶ危険を感じ，放棄したりすれば，人（避難民）は突然住居を失うのである。

もちろん，家賃が払えなくなって追い出される，借金から逃げるために逃亡するというパターンのほうが圧倒的だろうが，どのようなときに家賃が払えなくなるのか。誰からも家賃代が借りられなくなったときや失業したときではないだろうか。では，なぜ失業してしまうのだろうか。もちろん自分に能力がないという場合もあるが，日本の場合，不安定な雇用（若者の約４割が非正規雇用である）による雇い止め，突然の解雇などもあるだろう。いきなりの病気による入院，失職もあるかも知れない。これを図解すると図７－２のような内容になる。

貧困問題を考えるときのポイントとして，図７－２の貧困の原因「天災」「経済状況（の悪化）」「教育機会」「病気」などの喪失は一気に起きることが多い。そのようなときに，収入，家族や友だち，あるいは住む場所を失い貧困に陥るのである。

これを逆からとらえると，貧困問題の解決は，この喪失したモノやコトを取り戻す，あるいは誰かが提供することによって，貧困状態から回復できることとなる。加えて，事前に喪失，剥奪が生じないよう制度などを整えれば，貧困に陥る人を未然に防止することができることになる。たとえば，病気になったとしても，休業のシステムを会社が整えておけば，貧困防止策に

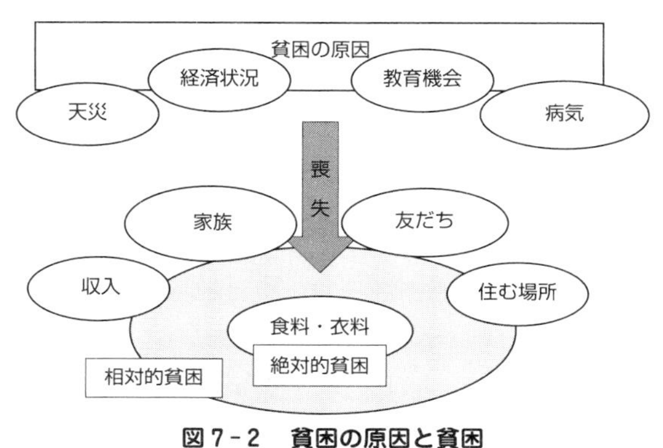

図７－２　貧困の原因と貧困

なる。このとき，社会的な健康保険などのセーフティネットが，貧困化防止策になっていることが理解できるだろう。また，高等学校や大学の無償化は，貧困家庭が教育や就業訓練の機会を得ることにつながり，収入増へとつながる。

（3）授業づくりのヒント

貧困問題の総合的学習には，たいへんすぐれた実践が存在する。大阪府立西成高等学校による反貧困学習である（表7-1）[(5)]。

本実践は，自分の生活を社会状況と重ねながら省察し，自らの生活を見つめ直し，それを生み出す社会状況へと立ち向かう変革の主体となることをめざしている。SDGsが制定された文書タイトル（『我々の世界を変革する：持続可能な開発のための2030アジェンダ』）を思い出そう。私たちは「変革のための教育」をめざしているのである。

本実践では，自分がかかえる貧困問題をいきなり考えさせていないことに注意してほしい。まず，世界の視点から貧困をとらえさせようとしている（教材1）。そして，自分と社会との関係を考察し，地域へ，時間（貧困問題解決に向

表7-1　大阪府立西成高等学校「反貧困学習」の年間計画

教材1	生きる力をもつ子どもたち　―ダッカのストリートチルドレン
教材2	「ネットカフェ難民」からセーフティーネットを考える
教材3	「ワーキングプア」からセーフティーネットを考える
教材4	シングルマザーについて
教材5	「ホームレス中学生」から考えよう
教材6	貧困ビジネスについて
教材7	ハウジングプアについて
教材8	高校生の「無保険」問題を考える
教材9	日雇い派遣について
教材10	「こんなときはどうするの？」　―労働者を守る保険や制度
教材11	突然，解雇されそうになったら⁉
教材12	西成差別から野宿者問題へ
教材13	不公平な椅子取りゲームから考える
教材14	社会的排除について考えよう

けた過去の取り組みの紹介とそれへの参画）へと探究を促している。子どもたちに，自らの状態を見つめさせることはむずかしい。誰だって，今が苦しいとは思いたくない。だからこそ，世界へと目を広げ，世界から日本を，そして地域を，自分のことを考えるのが大切なのである。

（4）目標16と目標1の関連性

世界の子どもたちは，今，どのような状況にあるだろうか。

児童兵士や難民の子どもたちの問題は，ターゲット16.2「子どもに対する虐待，搾取，取引及びあらゆる形態の暴力及び拷問を撲滅する」でふれられている。では，日本での子どもたちを対象としたとき，その状況はどうだろうか。家庭内暴力やいじめから無縁だろうか。

目標16「平和と公正をすべての人に」は，おもに平和問題に関連するものと考えられがちである。しかし，戦争は貧困を生み，貧困は戦争を生む。同時に，暴力は，貧困状態の子どもたちを生み，私たちの社会をむしばんでいる。

だからこそ，ターゲット16.1「あらゆる場所において，すべての形態の暴力及び暴力に関連する死亡率を大幅に減少させる」ことが必要であり，加えて貧困者への蔑視を含んだ差別による暴力を防ぐことが必要だ（ターゲット16.b「持持続可能な開発のための非差別的な法規及び政策を推進し，実施する」）。

目標16のシンボルは，ガベル（裁判官がもちいるハンマー）にとまる鳩（平和の象徴）である。法の支配の実現によって，正義を実現し，戦争をなくす。そして貧困を撲滅する。戦争の原因を考えながら，気候変動による災害の増大について学び，貧困の原因を考え，その対策について学ぶ，そんな授業が実現できそうである。

法の正義の実現によって，安定した平和な社会は実現される。貧困とは，正義に反する状況である。法が存在したとしても，格差が拡大し，貧者が取り残される社会では，正義は実現されない。正義と貧困の問題についても，探究してみよう。

第3節　目標5・12「ジェンダー平等，つくる責任・つかう責任」

（1）目標としての問い

①目標5　ジェンダー平等を達成し，すべての女性及び女児の能力強化を行う

ジェンダー平等は，SDGsの前身であるMGDs（**ミレニアム開発目標**）にも盛り込まれていたが，日本はこの達成状況評価[(6)]において，低いと評価される国の1つである。細かい評価項目をみると，女性国会議員の数の少なさ，男女の賃金格差，無償労働を行う時間の男女格差等が最大の課題である。日本社会の男女格差の大きさは，世界経済フォーラム（WEF：World Economic Forum）による**ジェンダー・ギャップ指数**でも明示されており，2019年12月には前年度の110位からさらに順位を下げ，121位（153カ国中）というように，先進国では最下位である。

このことは，目標5のうち，ターゲット5.5「政治，経済，公共分野でのあらゆるレベルの意思決定において，完全かつ効果的な女性の参画及び平等なリーダーシップの機会を確保する」に直接的にかかわる。

この目標を直接的に取り上げる場合の問いとして，たとえば「政治家って，どんなイメージ？」と聞いてみてはどうだろう。すると，「おっさん（おじさん)」とか，「いつも言い訳ばかりしていて何をやっているかよくわからない」とか，「ずるい感じ」とか，「黒っぽい」とか…，今の日本社会の「闇」や，もしかすると，「クラスでは女子のほうが強いのに，なんでだろう？」なんて，つぶやきも出てくるかもしれない。つぎに，「女の人はいる？」と聞いてみて，「なんで少ないんだろう」とか，「じゃあ，女の人がもっといたら，どうなると思う？」とさらにつっこんで聞いてみよう。それに対して，「表向きは『男は外，女は内』という意識はなくなったけど，実際にはまだまだ女の人が家のことをしなくてはならないから」とか，「なんか，もっと社会がよくなりそう」

著者紹介

松葉口　玲子（横浜国立大学教育学部教授）
鳴門教育大学・岩手大学を経て現職。大学卒業後，民間企業での経験を経て教育の重要性を再認識し，中学高校での現場経験もふまえて消費者教育・環境教育・ESD・ジェンダーの視点から持続可能な社会について考究している。博士（学術）。『持続可能な社会のための消費者教育―環境・消費・ジェンダー』（近代文芸社，2000）ほか著書論文多数。

的な，こちらのねらいどおり（？）の意見が出てくればラッキーだが，「なんか，頼りなさそう」などのネガティブ意見も出てくるかもしれない。どちらにしても，「なぜそう思うのか？」を問うことが重要である。その回答にこそ，現在の日本社会がかかえ，かつ，子どもたちの潜在意識にも浸食しつつある**ジェンダー規範**が炙(あぶ)り出されるからである。そして最後に必ず，幸福度ランキングがトップの（昔から教育立国としても有名な）フィンランドでは，34歳の女性首相が誕生（2019年）していること，それだけでなく，閣僚の半数以上が女性であることなどを紹介してみるといいだろう。私たちの日々の生活のしやすさ・しにくさは，政策決定が大きく影響しており，それはもしかすると，「おっさん政治」を変えることで，もっと明るい未来がみえてくるかもしれない。そんなイメージを抱いてみるだけでも，子どもたちにとって遠い存在の「政治」がもっと身近に感じられるとともに，もしかしたら将来，女性政治家の誕生にもつながるかもしれないのである。

②持続可能な生産消費形態を確保する

これもまた，先述したSDGs進捗状況評価において，日本は達成度合いが低いとされている目標であり，課題とされている評価項目を細かくみると，同じく低い目標13「気候変動対策」と密接にかかわっていることがわかる。たとえば，全エネルギー消費のうち再生可能エネルギーが占める割合，電気電子機器廃棄物の量，輸入食料・飼料に伴う窒素排出量，エネルギー関連のCO_2排出量，車両以外の機器に使われるエネルギーから出る炭素比，水産資源の乱用，絶滅のおそれのある種のレッドリスト，金融秘密度指数などがあげられている。

この目標を取り上げる場合の問いとして，たとえば「何かを買ったり食べたりするときに，地球や社会がよくなるかどうか考えてる？（=「**エシカル消費（倫理的消費）**」を意識しているかどうか）」と聞いてみてはどうだろうか。日本の子どもたちは，消費者として，**経済的投票権**を行使していることに気づかせるのである。政治的投票権の行使は，年齢的にも頻度も限定されるが，消費者として経済的投票権の行使は日常生活のなかで何気なく行われており，ひいてはそれが市場経済の牽引力となっているのであり，近年よく聞く「エシカル消費」なのである。

（2）なぜ目標5と目標12なのか―消費者としての子どもとジェンダー＝「探究」としての「タネ」を「自分ごと」化することによって達成する自己変容

総合的な学習の時間（以下，「総合」）では，自ら探究することのできる資質・能の力が重要とされているが，筆者は，現在の「総合」の問題点は，どこまで**自分ごと**になっているかであると考えている。たとえば学校の授業としてSDGsについて取り上げた場合，それなりの内容がアウト・プットされるであろう。しかし，それが彼ら彼女らの日々の現実生活において，どれだけ実践されているのだろうか。つまり，「意識の変容」があったとしても，それが「身体化」されなければ，日常レベルの「実践」にはつながらない。「わかっちゃいるけど，やめられない」ではなく，「できるところからやってみる」ようになるかどうかは，「自分ごととして身体化できている」ことが重要であり，そのためには「ジェンダー」と「消費者であること」の意識化が有効である。なぜならば，子どもたちは日々ジェンダーに規定されているとともに，少なくとも日本の子どもたちの多くは財・サービスを購入する消費者でもあり，学校内ではジェンダーに規定された独自の消費文化が形成されているからである。たとえば，文房具をはじめ，何を身につけているかが，「ダサい」かそうでないかは，その時々のジェンダーをうまく操作した「流行」に左右されている。学校内での**ヒドゥン・カリキュラム**（隠れたカリキュラム）を意識する教員はいても，こうした**隠れた学校文化**まで意識した教員はほとんどいないのではないだろうか。したがって，表向きは男女平等なカリキュラムが展開されるものの，現実生活と乖離した「美しい言葉」のアウト・プットに終始してしまうがゆえに，社会全体を変革する主体形成には至らず，むしろ再生産してしまっている。結果，先述の「ジェンダー・ギャップ指数」は先進国のなかで常に最下位である。

目標5も12も，SDGs17目標の進捗状況評価において日本の達成状況が低いものである。いわば，日本の社会構造の問題が表出しているといえる。1960年前後の大量生産・大量消費・大量廃棄による高度経済成長は，かつてよくいわれた「（アメリカ型）消費社会」＝市場経済の発展＝マーケティングによる「消費者」の発見＝生産者（労働者）・男性vs消費者・女性…などという，**ジェンダー・セグリゲーション**（性別職域分離）により操作されたものだったのである。

ともあれ，生徒たちは日常的に消費文化に浸かっているのは事実である。したがって，さまざまな学習の場面で「消費者」の視点を入れることで，自分ごととすることが可能となる。同時に，将来は生産側にもなる。したがって，「消費と生産のあり方」について，ジェンダー視点を導入して探究することは，日本社会の構造を変革する主体形成の可能性を秘めているのである。

（3）授業づくりのヒント―1つの切り口から「つなげる」力をつける

総合的な学習の時間において，**食品ロス**を扱っている実践例は多い。それだけ扱いやすいテーマということだろう。

日本の学校現場には，世界的にみて稀有な「給食」がある。このスタートは，第二次世界大戦後にユニセフの援助を受けて始まったということを知っている学校関係者はどれだけいるだろうか。日本は，貧困国だったのである。この歴史的事実の重要性については紙幅の関係で割愛するが，いずれにせよ，昔から「残さず食べる」よう指導されてきたし，食品ロス問題に取り組む際には，給食の残菜調べをする学校も多い。食品ロス削減は，目標12に含まれているし，タイミングよく，2019年10月には食品ロス削減推進法も施行された。

①従来の実践

実践の多くは，「食品ロスを減らそう！」というテーマのもと，給食の残差をなくす，大豆を育てて豆腐を作る…などが展開される。たとえば，NHK for School番組「ドスルコスル」の教師用教材＆資料にも，単元名「食べきり！使いきり！『もったいない』新習慣で世界を救う」（全46時間：対象学年3年・

４年）が紹介されている[7]。そして，「〈探究課題〉食料廃棄「食品ロス」の問題と自分たちにできる取り組み」として下記のような展開が紹介されている。

第１次　食事ができることって当たり前？　本当の食事マナーについて考えよう！
【１時間】食生活を振り返ろう
【２時間】ぼくたちの食事マナーは正しいの？「いただきます」と「ごちそうさま」
【２～５時間】残菜量の実態を調べよう。
【１～４時間】食べ残しを減らすために自分たちにできることを考えよう。
【５～10時間】食べ残し０を目指して○○作戦実行！
第２次　身近にありながら見えていなかった「食品ロス」を探そう！
【１～３時間】食品ロスは食べ残しだけではない。食品ロスによって起こる問題について考えよう
【１～４時間】自分たちのまわりにある「食品ロス」について調べよう
【３～６時間】食品ロスを減らすために自分たちにできることを考えよう
【５～８時間】食品ロス・マイスター制度を成功させよう！
第３次　これからも食品ロス０を目指して取り組もう！
【１～８時間】食品ロスの問題について自分の考えをまとめ，これからもできる，継続して取り組めること等について考える。

② SDGs 的に広げるタネ（視点）

食品ロスを減らすためにいろいろ調べたり自分たちにできることを考える類似の実践は多い。しかしここで，「なぜ食品ロスを減らさなくてはならないのか」という**子どもてつがく**的な問いを入れてみよう。そして，SDGs の17目標すべてにつながるかどうか考えてみると，どうなるだろうか。

たとえば環境省の白書に掲載されている図７‑３をみてみよう。目標12のターゲット12.3「2030年までに小売・消費レベルにおける世界全体の一人当たりの食料の廃棄を半減させ，収穫後損失などの生産・サプライチェーンにおける食料の損失を減少させる」ことの達成をめざした場合，目標13「気候変動」対策とも深く関係する。IPCC（気候変動に関する政府間パネル）は，生産された食料のうち，25～30％が食品ロスであり，気候変動対策には，「食品ロスを

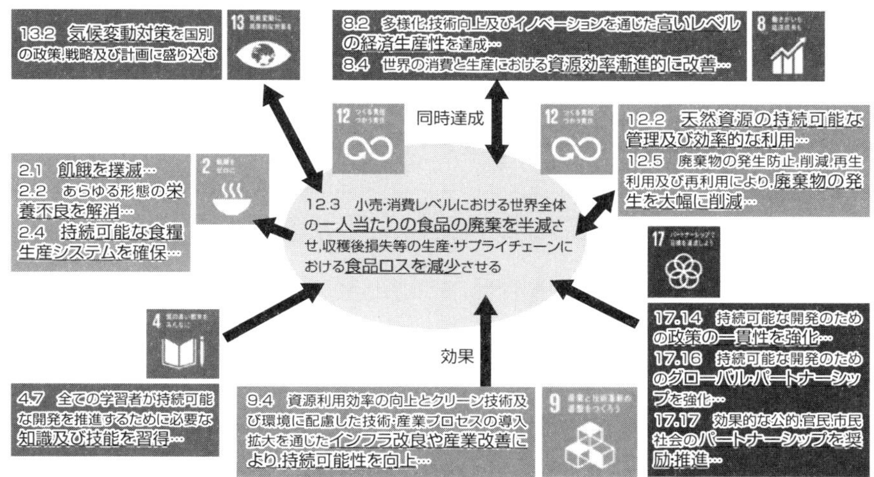

図7-3　食品ロス削減と他の目標・ターゲットとの関係

出所：環境省『平成29年版　環境・循環型社会・生物多様性白書』

減らすこと」と「肉食を減らすこと」がカギであると報告している（IPCC 2019）。食品廃棄物の約8割が水分といわれており，焼却炉への投入量が減れば，焼却時のエネルギーロスの削減にもつながる。また，食料を輸送する**フードマイレージ**の長さは，地球温暖化の原因となる温室効果ガスの排出と関係する。同時に，食品原材料の損失が減少すれば目標2「飢餓」にも貢献する。日本の食品ロスは年間約640万トン。これは，国連の世界食糧計画による食糧援助量の約2倍であるという。

また，目標17「パートナーシップ」の推進によって，国境をまたぐ食品ロス削減の取り組みを実現することに貢献する。

上記以外にも，SDGsのすべての目標とつなげることが可能だ。ここでは本項にかかわる目標5と12のみ示すが，関連する目標番号も【　】内に併記する。

目標5　ジェンダー平等：途上国でも先進国でも，「食」にまつわる労働（家事・水汲み・薪集め・食事の準備など）の担い手は女性の比率が高い。しかしそれらは無償もしくは低賃金である。また，食事摂取の優先順位も低い【目標1

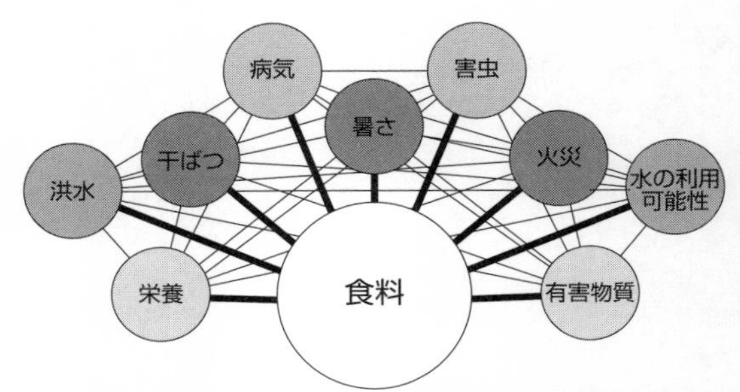

図7－4　気候変動はどのように食料供給に影響するか？
出所：クライメート・リアリティ・リーダーシップ・コミュニティ（アル・ゴア主催）メンバー所有資料

「貧困」，2「飢餓」，3「健康と福祉」，6「水と衛生」，7「クリーン・エネルギー」，10「不平等」，15「陸の豊かさ」，16「平和と公正」】。いっぽう，多忙化すると食品ロスは増加する。そのためにもワーク・ライフ・バランスを実現する方策や地域づくりは重要である【8「働きがいも成長も」，9「産業と技術革新」，11「まちづくり」】。

目標12 つくる責任，つかう責任：目標1～17を意識した生産，およびそれらを意識したエシカル消費の実施（1）～（17）　具体例：フェアトレード・地産地消・生ごみから創エネ・MSC／FSCマーク品の購入【7「クリーンエネルギー」，9「産業と技術革新」，10「不平等」，11「まちづくり」，13「気候変動」，14「海の豊かさ」，15「陸の豊かさ」，16「平和と公正」，17「パートナーシップ」】。

そもそも「食」と「気候変動」との関係（図7－4）を考えれば，これだけのリスクを背負っているものを廃棄するのは危険であることに気づくだろう。

（4）「教育」の重要性

SDGsのターゲットをみると，**持続可能なライフスタイル**に関する教育普及が複数ある。ターゲット4.7では，「2030年までに，持続可能な開発のための教育及び持続可能なライフスタイル，人権，男女の平等，平和及び非暴力的文化の推進，グローバル・シチズンシップ，文化多様性と文化の持続可能な開発への貢献の理解の教育を通して，すべての学習者が，持続可能な開発を促進するために必要な知識及び技能を習得できるようにする」というように，本章の中心である目標5と目標12が包摂されている。また，ターゲット12.8でも，

「2030年までに，人々があらゆる場所において，持続可能な開発及び自然と調和したライフスタイルに関する情報と意識を持つようにする」というように，ライフスタイルにかかわる情報と知識の習得が明記されているのである。

持続可能なライフスタイルに密接にかかわるのは**消費者教育**であるといっていいだろう。その消費者教育は，新学習指導要領で重視されており，一般向けパンプレットにおいても，「今回重視するもの」として主権者教育等７つの〇〇教育があげられているうちの１つとして紹介されている。2012年に**消費者教育推進法**が施行され，人や社会・環境への影響を意識した消費者すなわちエシカル消費の推進する機運が高まっているなか，先述の通り，2019年10月には食品ロス削減推進法も施行されている。また，農林水産省も，2019年より「**持続可能な消費**」推進を模索している（消費者庁・環境省連携）。

そもそもESDがスタートした際にも，持続可能なライフスタイルのことは当初から盛り込まれ，ドイツ・ボンで開催された中間年会合の際にはワークショップも開催されていた（筆者も参加した）が，日本ではあまり話題にされてこなかったように思われる。ある意味，その関心の薄さが，先述のSDGs達成評価の低さにもつながっているのかしれない。

いずれにせよ，「持続可能な消費と生産」のあり方については「ジェンダー」とかかわらせて考えることが重要であり，多様に複雑な課題であるだけに，「総合」で扱うことが求められる。同時に，各教科と関連づけることによって，「探究」をダイナミックに深めることができるのであり，それはまた，各教科で育む資質・能力はどういうものであるかについて把握したうえで展開することによって可能になるのである。そのように考えれば，「総合」の存在によって，各教科の存在意義が鮮明になるといっても過言ではないという，きわめて根本的な教育学的立論に着地するといえよう。

第４節　目標14・15「海の豊かさ，陸の豊かさ」

（１）目標としての問い

「海の生き物を守るためにはどうすればよいのだろう？」「生活の中にあふれているプラスチックが，海洋汚染につながらないようにするにはどうすればよいのだろう？」「なぜ森林の減少は止まらないのだろう？」。

生物多様性にかかわる問題と出会ったとき，子どもたちは最初にどのような問いを立てるだろうか。

SDGs のなかで，**生物多様性**と直接関係している項目は，目標14の**海洋保全**と目標15の**森林保全**である。これらの目標は，17の目標の３層構造の土台（図３-６参照）とした，生物圏にかかわるものである。人間社会が依存する自然の恵みとその恵みを生み出す生態系に関係しており，社会や経済に関するSDGs を下支えしている。この２つの目標につらなるターゲットは，主に**生物多様性条約**と**国連海洋法条約**などの指針がもとになっている(8)。このベーシックな課題の解決なしには持続可能な社会の構築は望めない。またこれらは，総合的な学習の時間に ESD を支える柱の１つとして取り組まれてきた，環境教育の分野の実践につながる目標である。子どもたちが興味や関心をもちやすく，日常生活のさまざまな事象や体験と関連づけて活動することが可能であろう。筆者は，小学校の教育現場に身をおいているため，ここで扱う子どもの問いと授業のイメージは，小学校における実践が参考になっている。もちろん，中等教育段階で扱うことも十分あり得るテーマである。

①生物多様性をめぐる問題と現状

まずは，生物多様性をめぐる問題と現状を概観しよう。人類は，生物多様性から構成されている**自然資本**（種を保存させ，人間の経済を支える自然資源や生態系から得られる恵み）なしには生きていけない。私たちはこれまでその自然資本を利用・搾取しながら発展してきた。そしてそれは，多くの生態系の破壊

著者紹介

秦　さやか（東京都杉並区立西田小学校教諭）
学習院大学大学院博士後期課程単位取得退学。筑波大学大学院環境科学研究科修了。地域国際交流協会や開発教育協会に身をおき ESD 実践を積み重ねている。「外国語活動―多言語との出会い」『国際理解教育ハンドブック』（共著，明石書店，2015）など。

につながった。生物多様性を包含する**陸域・海域生態系**は，次のような危機にさらされている(9)。すなわち，①生息地の減少，②地球温暖化・気候変動，③海洋汚染，④乱獲・過剰捕獲，⑤外来種の導入である。このような現状に対して，生物の多様性や貴重な天然資源を守るために，国内外におけるさまざまな保全対策が行われてきた。日本の教育分野においても，生物多様性保全をめざした環境教育に関する取り組みは全国で行われている。ここでは目標14・15との関連を意識した授業のあり方に焦点を当てて考えていこう。

②目標14・目標15から実践課題を考える

目標14では，海洋・沿岸の生態系の回復のため，海洋ごみ・海洋汚染や水産資源の乱獲を規制し，持続的な海洋の生態系をめざしている。海の健全性を悪化させる問題は山積しており，海洋酸性化も大きな課題である。世界人口が摂取するたんぱく質の17％が漁業資源といわれている(10)。日々の食卓に並ぶ魚や貝は海が育む資源だ。未来に**海洋資源**を受けつぐためには，豊かな海を守るための取り組みを広げなければならない。ここで，子どもたちの身近な問いにつながるような具体的な問いを考えよう。子どもたちに「なぜ魚が減っているのだろう？」のような問いを投げかけると，どんな探究につながっていくのか。すぐに子どもたちがたどり着く原因の１つとして，昨今話題に上がっている，**マイクロプラスチック**を中心とした海洋汚染問題が考えられる。海洋プラスチックは３億1000万ｔ（2014年時点）もあるといわれ，2050年には海にいる魚と同じ数になると予測されている（図７–５）。

私たちの暮らしを便利にするほど使用量が増えていくプラスチックは，河川と海洋を埋め尽くし，水辺の生き物の深刻な影響を与えるといわれている。丈夫であるがゆえに多様な場で使用され，自然分解しにくいことから環境に残り続けるプラスチックは，食物連鎖のなかで魚介類の体内に濃縮され，私たちの口にも届いているかもしれない。人間の暮らしのなかで排出されるプラスチックが海の生き物に大きな影響を及ぼしている実情を知ることで，子どもたちは水辺の生き物を守りたいという思いを抱くだろう。生態系を脅かしている原因になっているものがほかにもあるのかを探り，解決の道を探究する活動の展開

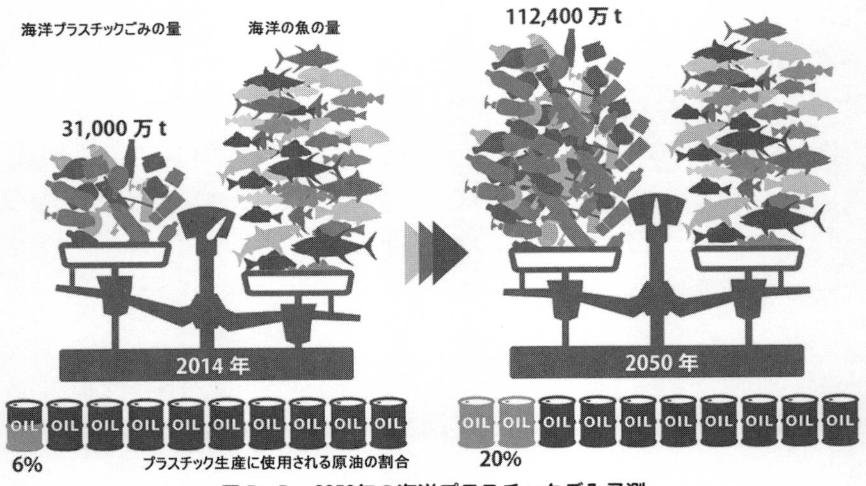

図７－５　2050年の海洋プラスチックごみ予測

出所：世界経済フォーラム2016「The New Plastics Economy：Rethinking the future of plastics」を一部改変

も期待できる。また，プラスチックに囲まれた暮らし方そのものへの問題意識をもつこともあろう(11)。子どもにとって身近な課題としてとらえることができ，どの地域でも実践できるテーマである。

もう１つの原因として，乱獲による漁業資源の枯渇を考えてみよう。私たちにとって身近な回転寿司のネタであるホンマグロ（タイヘイヨウクロマグロ）は，1986年から20年間に漁獲量が３分の１にまで減少している。**気候変動**による生息域の変化もあるが，海外における寿司文化の普及によって乱獲が加速し，安定した供給をめざす畜養(12)によって稚魚がさらに減少するという悪循環が起きている。ホンマグロやニホンウナギなどがその例である。こうした問題から子どもたちは，「自分たちが普段食べているものが，どこでどのように作られているのか」といった食のあり方へと探究活動を広げていくことも可能である。

海洋の生態系から派生して例にあげた，マイクロプラスチックの問題は，私たちの暮らし方とごみの問題にもつながっていく（目標９）。また，漁業乱獲の問題からつながる食の問題には，食糧生産のあり方や食品ロスなど，その先

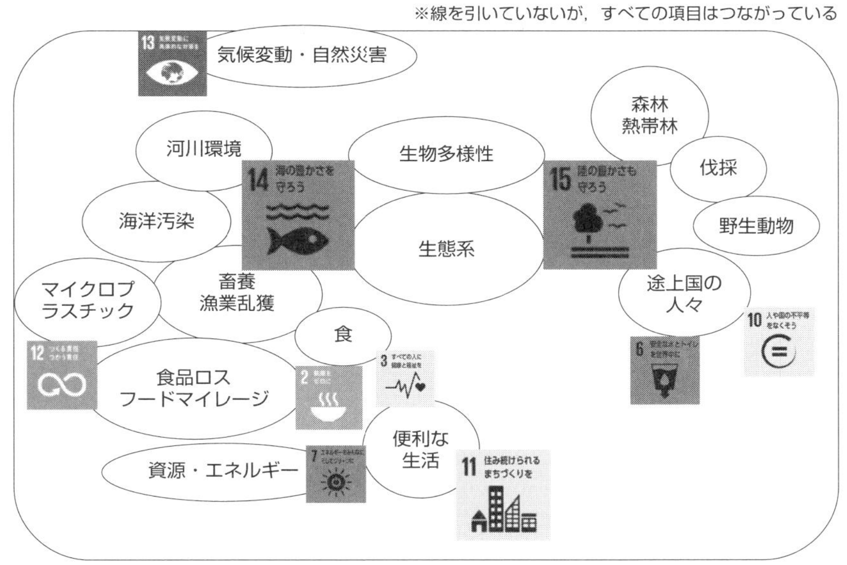

図７－６　目標14・15を柱とした学習とほかの目標との関連

に多くの幅広い課題が関連していることがみえてくるだろう（図７－６）。

また，目標15からのアプローチを考えるなら，子どもたちとともに校外へ出て，自分たちにとっての自然を見つけるところから始めることもできるだろう（たとえば，学区域に棲息する生物を守るための探究活動を行うなど）。陸上の生物の多様性を維持・保全し，生物の棲む自然環境の劣化を食い止めることについて探究をしていけば，「なぜ森林が減っているのか」という問いにもぶつかることだろう。そして，木とともにある文化を捨てた私たちの現代的な生活(13)や，世界の森林をめぐる問題との関連もみえてくる。食糧供給のための農地拡大という視点からみれば目標２の食糧の問題，大規模な森林減少は目標13の気候変動とも関連している。

生物多様性という枠組みで目標14と目標15をみてきたが，ここでは身近な地域の課題と，グローバルな課題とが交錯していることがわかる。また，知識を身につけるだけでなく，フィールドにおける協働的な学びによって問題解決を図りたい。そして，目標14と目標15は，単独で問題解決を図ることはできず，ほかの目標も同時に解決していかなければ，生物多様性の解決もないという視点をSDGsは与えてくれる。授業づくりの問いとタネは，いわば無限に存在するといえるだろう。

（2）目標14を扱った事例

総合的な学習の時間で目標14を扱った事例を紹介する。公立Ｔ小学校は，神田川流域にあり，区のみどり公園課と協働で川の保全活動「神田川ファンクラブ」を行っている。４年生児童が区職員とともに，神田川の水質や生き物調査，水源の探検，川につながる水再生センターの見学をする。子どもたちは，川で採取した小魚や川エビに愛着をもって育てながら，他方で川に大量に存在しているごみと出会う。ごみの大半は，缶やペットボトル，たばこの吸い殻といった，身近な生活行動に由来するものと，プラスチック系のものである。これらのごみは，最終的には海へたどり着き，川だけでなく海の生き物にも影響を与えることに気づく。

そこから子どもたちは，「地域のごみを減らして，海の豊かさを守ろう大作戦」や「ハッピー・エコアクション」といった名前をつけたプロジェクトを立ち上げた。具体的には，川のごみ拾い活動（写真７－２）や，ポイ捨て禁止を呼び掛ける町内練り歩き，校内と家庭でのプラスチックごみ調査を行い，裏面利用のメモ帳やポスター，スイッチに貼る節電メッセージカードを作成して，地域の学習発表会で配布するなどした。これらの活動は，各教科・領域を横断する学習内容と関連させて行っている（表７－２）。

写真７－２　川のごみ拾いをする児童

呼びかけのポスターを掲示する場所に関しては，学

表７－２　各教科・領域との関連

社会科	水の学習，ごみの学習，食糧生産と漁業，島や山林の自然を生かしたくらし
理　科	季節と生き物，生き物のつながりと生態系
国語・道徳	絵本から考える『イルカのＫちゃん』『カラス』『ごみにすむ魚たち』
特　活	川のごみ拾い，各学年への呼びかけ，集会での環境学習発表

校運営協議会で提案し，地域の方にも協力を求めた。地域の方だけでなく，区職員，見学先の方々，ゲストティーチャー，そして地域にいる生き物たちを含めると，この活動は外部とのつながりなくしては成立しない。

写真７－３　Ｔ小模擬選挙の政党名

また，このプロジェクトの２年後には，主権者教育の一環として選挙管理委員会と協働で校内模擬選挙を行ったが，立候補した子どもたちは党名からみてもわかるように，地域の環境をよりよくしようという思いを公約にしていた（写真７－３）。第３章で述べているように，学校教育のなかで参加・行動を実践する活動は，政治的な問題に行き着く場合がある。しかし，子どもが地域・社会の現実的な課題を解決する学習は積極的に検討するべきなのである。このように，SDGsから始まる教育実践は，多様な教科領域と関連し，それを越えていく発展的な教材を多く含み，参加・行動のきっかけとして大きな経験を子どもたちに与える。

（３）問いを生み出すタネ

「本当に必要なプラスチックとそうでないものは何だろうか」「本当に資源は再利用されているのだろうか」「自分の地域の生態系はどうなっているのだろ

う」「大量に輸入し，食べ物を廃棄しているくらしは，持続可能なのか」「変えていかなくてはいけないことは，何だろう」。

冒頭にあげた問いから始まった学びは，次々と新たな問いにつながっていくだろう。SDGs の目標は，それぞれがかかわり合いながら，課題の解決に向かって進んでいく。なかでも生物多様性にかかわる目標14と15は，子どもが身近な課題としてとらえ，**未来へのアクション**につなげる可能性を秘めている。1つの目標を中心に据えた取り組みは，必然的にほかの課題解決にもつながる。そこに多角的な見方・考え方を育てる学習材としての価値がある。そのため，SDGs の学びは**テーマの統合性**を見据えながら，複数の目標にもかかわっていく**同時解決性**を意識し，子どもの問いから問いへと学びが広がっていくような授業をデザインしたい。それは，どの目標から始まっても実現できる。環境問題や社会の惨状をつきつけて行動を促すという見通しの暗い実践ではなく，自分たちは未来をよりよく創っていけるんだという将来的な展望を子どもがもてる教育実践をめざしたい。

参考文献

WWF ジャパン「海洋プラスチック問題について」2018年10月26日付（https://www.wwf.or.jp/activities/basicinfo/3776.html）

環境省「2100年の天気予報」（https://ondankataisaku.env.go.jp/coolchoice/）

※ウェブサイト「COOL CHOICE」で公開されている地球温暖化対策による影響などを天気予報という形式でわかりやすく伝える動画で授業や研修などさまざまな場面で利用できる。

田口周一『イルカのＫちゃん』Dolphin club，2004年

とだこうしろう『カラス』戸田デザイン研究室，2001年

大塚幸彦『ごみにすむ魚たち』講談社，2011年

※上記のＴ小実践で活用した３冊の絵本は人間の暮らしと野生動物について子どもと一緒に考えることができる。

開発教育協会編『パーム油のはなし』2018年／『スマホから考える世界・わたし・SDGs』2018年

※当協会から出版されている多くの教材は授業のタネとして参考になるものが多い。

注

（1）相対的貧困については，次の資料を参照。厚生労働省「よくあるご質問（貧困率）」

https://www.mhlw.go.jp/toukei/list/dl/20-21a-01.pdf（2020年２月20日閲覧）。
（２）P. タウンゼントについては，開発教育協会『豊かさと開発—Development for the Future』開発教育協会，2016年を参照のこと。
（３）首都大学東京 子ども・若者貧困研究センター『東京都子供の生活実態調査報告書【小中高校生等調査】』2017年，pp. ii–x。
（４）内閣府男女共同参画局『男女共同参画白書（概要版）平成22年』，2010年，p. 29より作成。
（５）大阪府立西成高等学校『反貧困学習—格差の連鎖を断つために』解放出版社，2009年より作成。
（６）ランキングは，SDGsが発効した2016年から毎年，国連持続可能な開発ソリューション・ネットワーク（SDSN）と独ベルテルスマン財団が報告書として発表している。世界のSDGs達成度ランキング（2019年度）では，日本は162カ国中15位。前年と変わらず，依然としてジェンダー平等や責任ある消費・生産，気候変動対策，パートナーシップに大きな課題があると指摘された。
（７）NHK for NHK for School 番組「ドスルコスル」https://www.nhk.or.jp/sougou/dosurukosuru/teacher/2019/d_22.html（2020年１月31日確認）。
（８）SDGs市民社会ネットワーク『基本解説　そうだったのかSDGs』2017年，pp. 48–51。
（９）桜井良「生物多様性保存と環境教育」佐藤真久・田代直幸・蟹江憲史編著『SDGsと環境教育』学文社，2017年，pp. 228–247。
（10）注（８）前掲書，p. 49。
（11）シャンタル・プラモンドン＆ジェイ・シンハ／服部雄一郎訳『プラスチックフリー生活』NHK出版，2019年が参考になる。
（12）畜養とは，安定した漁業資源を確保するため，卵から育てる技術が整備されていないクロマグロやニホンウナギなどの稚魚を捕獲して育てる養殖漁法である。稚魚の繁殖スピードを上回る早さで養殖を行うため，漁業資源の乱獲につながる。また，餌となる魚を乱獲してしまうという問題もある。
（13）富山和子「森林のおくりもの」『新しい国語５年（下)』東京書籍が参考になる。富山は，『森は生きている』などの「生きている」シリーズ（講談社）で，日本の自然と人々の営みをわかりやすく説いた児童向け書籍も多く出している。

第 8 章
学校と地域の連携・協働

「学校」は，①子どもの立場でいえば「学習を通じて能力を伸ばし豊かに生きる権利を行使する（＝**学習権の行使**）ためにある」，②設置者（国・地方公共団体・学校法人など）の立場でいえば「その権利を確実に保障するため（＝**学習権の保障**）に設置している」と位置づけることができる（小玉 2019）。本来，「学校」は，学習者一人ひとりが自分の能力を伸ばし，豊かに生きる権利を行使して，毎日の学び合いを充実させて，生き生きと過ごせる場でなければならない。ところが，今，いじめ・自殺などの事件が増加し，小・中学校の不登校者は増加の一途をたどり約24万人に達している。その原因として「個人よりも集団を優先する体制」「固定化された学級内の人間関係」「同一内容・同一歩調の授業」などの学校文化が原因となっている可能性が指摘され，この問題の解決をめざし，変容の必要性がいわれている（同上）。

学校のなかで自分の位置を見いだすことができない子どもたちの居場所として見直されているのが，「地域」である。「地域」とは住民（子ども）の生活基盤であり，地方自治の基礎となっているものである。子どもたちが正しく健やかに育っていくには，家庭と学校と社会とが，その責任を分け合い，力を合わせて子どもたちの幸福のために努力していくことが大切である。

本章では，「学校と地域の連携」と社会教育の必要性について理解し，SDGs時代の学校と地域の連携・協働をどのようにしたらよいのか，具体的な事例を紹介しながら考えていきたい。

著者紹介

河村　幸子（了徳寺大学非常勤講師）
東京農工大学連合農学研究科修了。博士（農学）。千葉県で小学校教諭を務めた。『ジャコウアゲハから学ぶ生物多様性』（プリテック，2019年）。『こども環境学』（監修補助，新星出版社，2021年）。『動物園と水族館の教育』（共著，学文社，2023年）『水辺を活かす』（共著，朝倉書店，2023年）。

第１節　「学校と地域の連携」の意義

現在の教育政策の工程表となっている「『次世代の学校・地域』創世プラン」（2016〜2020年）のめざす方向は，「学校・地域それぞれの視点に立ち，『次世代の学校・地域』両者一体となった体系的な取組を進めていく」ものである（図８-１）。学校と地域が連携・協働することにより，よりよい学校教育を通じてよりよい社会を創ろうとするものである。学校と地域が協力して子どもたちが未来の創り手となるために必要な資質・能力を育むためには**社会に開かれた教育課程**（Curriculum Opened to the Society）を実現する必要がある。

では，どうしてこのようなプランが創られたのか，その背景は何であったのだろうか。地域学校協働活動が求められる背景として，多様化する現代社会において学校だけで子どもたちのかかえるさまざまな問題を解決できず，社会全体で子どもの成長を支えていくことが求められているからである。

子どもたちが生きる未来は，少子高齢化によりこれまでの社会構造が大きく変化する。また，地方都市の人口減少や財政難，気候変動などの課題も深刻化している。日本創生会議・人口減少問題研究分科会によると，地方都市では2040年には少子化と人口流出により若年女性人口が半分以下になる自治体（消滅可能性都市）が896にのぼる。また，総務省調査，国立社会保障・人口問題研究所調査によれば生産年齢人口は，2010年には8178万人であったのに対して，

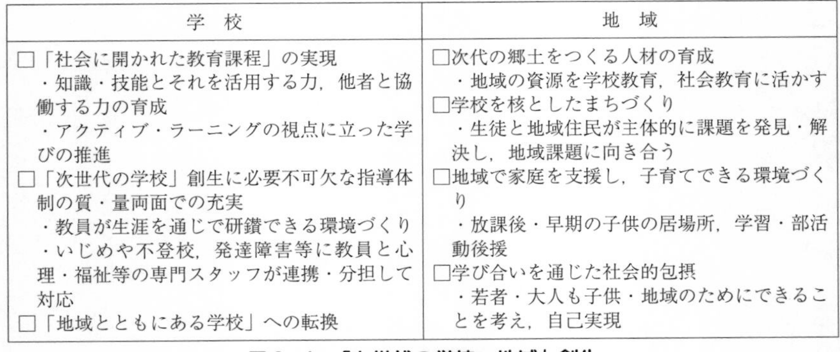

学　校	地　域
□「社会に開かれた教育課程」の実現 ・知識・技能とそれを活用する力，他者と協働する力の育成 ・アクティブ・ラーニングの視点に立った学びの推進 □「次世代の学校」創生に必要不可欠な指導体制の質・量両面での充実 ・教員が生涯を通じで研鑽できる環境づくり ・いじめや不登校，発達障害等に教員と心理・福祉等の専門スタッフが連携・分担して対応 □「地域とともにある学校」への転換	□次代の郷土をつくる人材の育成 ・地域の資源を学校教育，社会教育に活かす □学校を核としたまちづくり ・生徒と地域住民が主体的に課題を発見・解決し，地域課題に向き合う □地域で家庭を支援し，子育てできる環境づくり ・放課後・早期の子供の居場所，学習・部活動後援 □学び合いを通じた社会的包摂 ・若者・大人も子供・地域のためにできることを考え，自己実現

図８-１　「次世代の学校・地域」創生

出所：独立行政法人教職員支援機構「『次世代の学校・地域』創生プラン」2019年から抜粋

2060年には4418万人と半数に減少するという。社会の財政が疲弊すると真っ先に影響を受けるのは子どもである。子どもたちは，自分ではどう対処してよいのかわからず，見通しも立たない大きな壁にぶつかることになる。そこから，学習への意欲を喪失し行動が荒れることにつながる場合が考えられる。

近年，地域のなかで，NPO団体による**子ども食堂**や**居場所づくり**の取組事例があるように，これからの学校と地域は共有した目標に向かって，対等な立場で活動する協働関係を創り出していかなければならない。「**協働**」とは，1990年以降に浸透してきた言葉であり（荒木 1990），以前より使われてきた「共同」「協同」とのちがいをみると，表8-1のようになる。

今後，学校と地域の協働を促進するにあたって重要な鍵となるのが，**コミュニティ・スクール（学校運営協議会）**と社会に開かれた教育課程の理念である。

これまでの学校は，地域の方にお願いする「上からの依頼」が多かったが，これからはパートナーとして対等の立場になることが求められる（図8-2）。文部科学省は，コミュニティ・スクールを「学校と地域住民などが力を合わせて学校の運営に取り組むことが可能となる『地域とともにある学校』への転換を図るための有効な仕組み」と説明

表8-1　共同・協同・協働

共　同	２つ以上の団体が力を合わせて仕事を行うこと。同じ条件・資格で結合したり，関係したりするという意味もある。
協　同	共に心と力を合わせて物事を行う意味で，互いに協力するという精神面を強調する際に用いられることが多い。
協　働	協力して働くこと。それぞれができること，得意分野のことをする場合に用いられることが多い。市民と行政が対等の立場に立ち，共通の課題に互いが協力し合って取り組む行為システムである。

出所：丹間（2015）より筆者作成

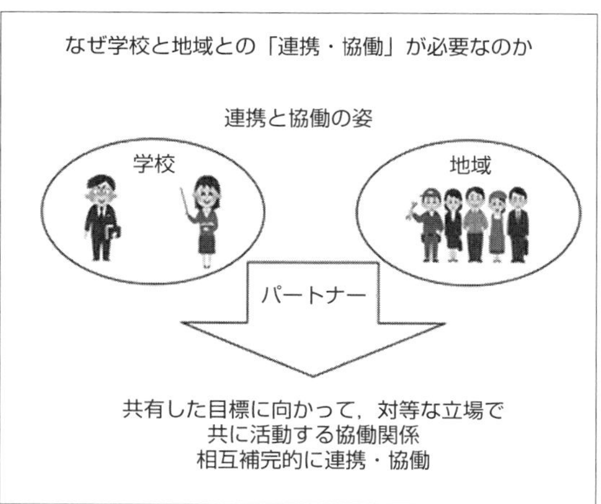

図8-2　これからの学校と地域の連携・協働
出所：文部科学省ウェブサイトより筆者作成

し，「学校運営に地域の声を積極的に生かし，地域と一体となって特色ある学校づくりを進めていくこと」を推奨している。

いっぽう，「社会に開かれた教育課程」は，次のように定義されている。

> 教育課程を通して，これからの時代に求められる教育を実現していくためには，よりよい学校教育を通してよりよい社会を創るという理念を学校と社会とが共有し，それぞれの学校において，必要な学習内容をどのように学び，どのような資質・能力を身に付けられるようにするのかを教育課程において明確にしながら，社会との連携及び協働によりその実現を図っていくという，社会に開かれた教育課程の実現が重要となる。

ここで求められているものは，〈方向（理念）としての目標〉として「これからの時代に求められる教育を実現していく」「よりよい学校教育を通してよりよい社会をつくる」ことであり，〈手段としての目標〉として，「理念を学校と社会が共有する」「それぞれの学校で必要な学習内容，資質・能力を教育課程において明らかにする」「社会との連携及び協働によりその実現を図る」ことである。それらの課題を乗り越えるための方策として，中央審議会答申(2016）は以下のように述べている。

> 〈課題〉
>
> 教育課程を通じて子どもたちが変化の激しい社会を生きるために必要な資質・能力とは何かを明確にし，教科等を学ぶ本質的な意義を大切にしつつ，教科等横断的な視点も持って育成を目指していくこと，社会とのつながりを重視しながら学校の特色づくりを図っていくこと，現実の社会との関わりの中で子どもたち一人ひとりの豊かな学びを実現していくこと。
>
> これらの課題を乗り越え，子どもたちの日々の充実した生活を実現し，未来の創造を目指していくためには，学校が社会や世界と接点を持ちつつ，多様な人々とつながりを保ちながら学ぶことのできる，開かれた環境となることが不可欠である。そして，学校が社会や地域とのつながりを意識し，社会の中の学校であるためには，学校教育の中核となる教育課程もまた社会とのつながりを大切にする必要がある。

教育課程を社会に開くための方策として，「学校のなかでできること」と

「学校外とのかかわりで考えるべきこと」の２つがある（水山 2019）。１つは学校カリキュラムの改革であり，もう１つは学校制度の改革だという。学校カリキュラム改革は**カリキュラム・マネジメント**と総称され，以下の３つの側面がある。

> ①教育内容を一つの教科にとどまらずに各教科横断的な相互の関係で捉え，効果的に編成する。
> ②子どもたちの姿や地域の現状等に関する調査や各種データ等に基づき，教育課程の編成，実施，評価，改善のサイクルを確立する。
> ③教育内容と，指導体制やICT活用等諸条件の整備活用を効果的に組み合わせる。
>
> （『教育課程企画特別部会論点整理』2015年８月26日）

学習指導要領の内容を，教科書でただ学ばせるのではなく，各教科・領域で地域のなかで何を学ぶことが重要なのかを見直し，そこにある素材と人材を活かして，教育課程を再構築することが求められている。

第２節　「総合」における地域連携の重要性

学校制度改革には，コミュニティ・スクールや地域学校協働活動などの取り組みがある。これらは保護者・地域住民・企業・NPOなどの多様な主体による学校運営への参加の促進であるとともに，学校を核とした地域の創生でもある。教育課程を社会に開くことで，子どもたち自身が自らの生き方を見直し，地域に貢献する姿勢を強めるとともに，地域も子どもたちを支援し，そこに生まれた絆が地域活性化の推進力となっている事例は，すでに全国各地に広がっている。そして，その多くは**主権者教育**やESDともつながっている。教育課程を社会に開き，「総合」や部活動，外国語活動やプログラミング教育などの指導に学校外の専門家の力を活用できれば，教員の負担は減り，子どもたちにとっても大きなメリットになることが予想される。

しかし，「社会に開かれた教育課程」には慎重に検討するべき点もある。「社会に開かれた教育課程」や「よりよい社会を創る」という際の「社会」とは何かという問題である。「社会」とは，自由な権利の主体としての個人がつながる市民社会や学習指導要領（社会科）がいう「平和で民主的な国家及び社会」が想像される。しかし，中教審答申やその補足資料では，OECD（Organisation for Economic Co-operation and Development：経済協力開発機構）での議論やPISA（OECD 生徒の学習到達度調査）の国際順位を強く意識した厳しいグローバル・マーケットにおける競争の場としての経済社会がイメージされている。「社会の範囲」は，Local（地域），National（国），Global（地球）の３つの層が考えられるが，この「社会」を競争的にとらえるのか共生的にとらえるのかでも，社会のイメージはまったく異なったものになる。したがって，「社会とは何か」を不断に問い直す必要がある（水山　2019）。また，学校と地域の人々が相互理解や信頼関係を深めるために，同じ資料では「①関係者が当事者意識をもって『熟議（熟慮と議論）』を重ねること，②学校と地域の人々が『協働』して活動すること，③学校が組織として力を発揮するための『マネジメント』力を強化すること」，つまり学校運営協議会での協議で熟議・協働・マネジメントが重要な視点であると述べている。これらの視点をもち，**地域とともにある学校**をめざしていくことが求められている。そこでは，学校運営の基本方針を教職員と地域住民とで熟議することが重要である。学校としては児童生徒に対する公平・公正な見方と，事実を事実として認める真摯な姿勢がなければならない。そこには教育的な配慮が必要である。

　このような関係性を築いていくには，教師の労働条件や管理職のリーダーシップなど，多くの課題があることはいうまでもない。現在の厳しい条件下にあっても，これら一連の施策の前提にとらえるべきは，学校と教師が「変わろうとする」ことである。教師が子どもをとりまく地域を知り，子ども一人ひとりの指導の時間を確保したうえで，子どもの心に寄り添い，子どもとの信頼関係をつくれば，そこから保護者と教師の信頼関係が生まれ，教師が自然に地域へ入ることができる。教師が子どもの環境をつかんでいれば，問題の早期発見ができ，地域も子どもを受け入れやすくなる。時代がどんなに変化しても，一人ひとりの子どもの心を大切にして，教師の力を発揮できる学校でなければ，学校と地域の連携・協働は進まない。

ところで，子どもたちが生きる未来は，どのようなものであろうか。ニューヨーク市立大学大学院センター教授キャシー・デビッドソンは，「子どもたちの65％は，大学卒業後，今は存在していない職業に就く」と言い，オックスフォード大学准教授マイケル・A・オズボーンは「今後10〜20年程度で，約47％の仕事が自動化される可能性が高い」と言う。つまり，グローバル化と情報化によって変化が激しく予想困難な未来を想定しているである。今後，社会において求められる能力は“共通の答えのない課題”に最適解を導く能力と分野横断的な幅広い知識・俯瞰力などの能力である。2017年版学習指導要領の改訂においても，以下の３つの視点が示された。

- 社会の激しい変化の中でも何が重要かを主体的に判断できること。
- 多様な人々と協働していくことができること。
- 新たな価値を創造していくとともに新たな問題の発見・解決につなげていくことができること。

学習指導要領に示された「総合」の目標は，第１章にあるように「**探究的な見方・考え方**を働かせ，横断的・総合的な学習を行うことを通して，よりよく課題を解決し，自己の生き方を考えていくための資質・能力の育成をめざす」ことである。そして，「**各教科等における見方・考え方を総合的に働かせ**たり，総合的な学習の時間に固有な見方・考え方を働かせたりする探究的な見方・考え方を働かせ，問題解決的な活動を発展的に繰り返す探究的な学習が大切である」とある。第２章でも言及された，この「探究的な見方・考え方」とは，「各教科等における見方・考え方を総合的に活用して，広範な事象を多様な角度から俯瞰して捉え，実社会・実生活の課題を探究し，自己の生き方を問い続けるという総合的な学習の時間の特質に応じた見方・考え方である」と述べている。つまり，21世紀を生き抜く資質・能力として強く求められているのは「**思考力，判断力，表現力**」なのである。筆者は，その３つの能力を以下のようにとらえている。

「思考力」
物事を多面的に考える力であり，視点の置き方や視野の広さから物事を多角的にとらえることによって人とは異なる論点を考える力。論理の筋道を考える力とは，気づき，疑問をもち，疑問を問いに転換する，問いの関係を整理して仮説を立てるという考える力。
「判断力」
物事や事象を理解して，考えを決めること。論理・基準などに従って，自分で判断を下すこと。
「表現力」
自分の思考や感情を他者に伝える力。語彙が豊富で言葉を的確に使える力。必要な情報をわかりやすく発信する力。感受性に優れ，自己の内面をいろいろな方法で伝える力。

「総合」の授業や教育課程において，これらの能力は具体的にどのように展開されるのだろうか。それは，身の回りの地域から課題を見つけ，その解決のために地域に働きかけることを実践することである。子どもが，自分の住む地域の特性を知り，よりよくしようと課題に取り組み，自分の生き方を考えるとき，「学校と地域の連携」というプラットーフォームは有効に機能するはずである。そのとき，教師は子どもの興味・関心や一人ひとりの課題を理解し，地域の施設や人をつなぎ，子どもとともに学ぶという姿勢をもちながら，学習活動を促進する**ファシリテーター**となる必要がある。具体的には，学校教育目標や学年の課題をふまえて「総合」の授業を創るが，担当する教員にはその地域の特徴と課題を見つけ出すことがポイントとなる。そこから地域住民や施設，教育機関とつながりができ，それが継続されるとさらに学習が深められる。子どもにとって自分たちの地域を歩いて調べたり，地域について詳しい人に話を聞いたりする機会は貴重な経験である。また，身近な問題の解決策を考え，行動する経験は社会の一員としての自覚を高めることになる。

このように，「総合」は，学校と地域を教育課程を介してつなぐ重要な役割をもち，教科との関連指導を図る際にも基軸となる重要な時間となっている。

第3節　学校と地域の事例と課題

（1）学校と地域の連携事例

ここでは，学校と地域の連携の事例として，岐阜県白川村立白川郷学園の取り組みをあげる。同学園は，2011年度に小学校と中学校が統合され，地域と一体となって小中一貫学校の実践に取り組んできた（図8－3）。9年間を見通した見方・考え方の発展系統を重視した教科指導，小学校から教科担任制などを取り入れ，地域の人材を授業に活かす「村民学」の実施を通して教育のあり方を求める実践を進めている。学校運営協議会との連携授業を進め，1年生から9年生までがこの「村民学」で学び，地域の歴史や文化を知り，子どもたちが市への提言をするなど，独創的・先進的な経営を進めている。白川郷学園の大きな特徴は，切れ目のない9年間の教育課程のなかで「ひとりだち（自立）」を教育目標に，①自己肯定感の育成と居場所づくり，②「わかる・できる授業」の推進，③自己有用感を感じる絆づくり，という子ども一人ひとりに寄り添い認め合う方針が確立していることである。また，いじめの早期発見のための対応として，①教師の感性を磨く，②集団の視点からとらえる，③心のキャッチボールを大切にする，④日常的な教育相談の実施，⑤定期的なアンケートなどの実施，⑥保護者・地域との連携などに取り組み，「いじめ未然防止・対策委員会」を設置している。細やかな計画と職員の継続した研修，子どものために活かす学校評価など，地域として一人ひとりを見守り，育てていこうとする教員・保護者の姿勢がある。

近年，白川郷学園のように，**地元学**を基盤とした教育課程を編成する学校が増加している。そこでは，地域の価値の発見，地域の伝統文化への理解だけでなく，地域の課題の解決に関する教育活動も展開されて

重点：目の前の事実に「立ち向かう」，
教育活動を「つなぐ」「意味付ける」

〇社会に開かれた教育の展開
・「村民学」の実施：9年間で「一流の白川びと」「担い手」を育成する
・「未来創造塾」：多様な方々（白川びと，外部講師）と関わり「本物」を学ぶ
・「コミュニティスクール」：学校運営協議会とのハイブリッドシステムを確立する。

図8－3　白川郷学園の学園構想一部

出所：白川郷学園ウェブサイトより

いる。その背景には，児童生徒数の減少に悩む学校が，その存亡をかけて教育活動の魅力化に取り組む中山間地・離島地域の事情が潜在している。「総合」は，このような取り組みにも重要な役割を果たしている。

（2）大学と社会教育施設との連携事例

日本は動物園・水族館の数が多い国である。動物園や水族館は**社会教育施設**であり，種の保全・研究・レジャーと合わせて環境教育という役割がある。地域にある動物園や水族館は，身近な生物を展示し，里山を再生するなどして，種の保存や生物多様性を学ぶための場としてすぐれている。各園館では学校教育と連携し，移動動物園や出前授業，また単元全体を動物園で行う実践にも取り組んでいる。ここでは身近な自然を学ぶプログラムを実践している東京都恩賜上野動物園（以下，上野動物園）「しのばずラボ」の事例をあげる。

上野動物園内にある「子ども動物園すてっぷ」（以下，すてっぷ）では，学習院大学と東京農工大学の学生が協働で2017年から来園者に対してワークショップを開いてきた（表８-２）。

上野動物園の子ども動物園は，1948年に日本で初めて設立された子どものための動物園である。戦後，娯楽の少なかった子どもたちのために，本物の動物と接する場としてスタートした。身近で親しみやすい小動物や家畜（馬，豚，牛，鶏など）の飼育展示とウサギやモルモットとふれあえるプログラムを通して，生き物のすばらしさや命の大切さを伝えてきた。2017年７月にリニューアルオープンしたすてっぷは，０歳児からを対象とする「初めてルーム」「ふれあいコーナー」「しのばずラボ」という施設を整え，さらに学びの場として充実した施設となっている。そこでは，1948年設立当初の「子どものうちから動物をかわいがる気持ち・科学への愛好心の芽生えとなるよう，動物とふれあうことができる施設」という理念を継承しながら，年齢に合わせたプログラムを展開している。

「しのばずラボ」は名前のとおり，不忍池という自然（造られた自然）から身近な生き物（動物や植物）に目を向け，年齢に応じて楽しみながら学べるよう

表８－２　上野動物園「しのばずラボ」テーマ一覧（2017～2020年）

回数	月　日	テーマ	内　容	参加人数（名）	学生
1	８月１日	ハスの観察・カード作り	観察と工作	子ども　96	13
2	９月24日	ハスの葉シャワー	観察	子ども 270	7
3	10月15日	ハスの葉コリントゲーム	工作	子ども　36	10
4	11月26日	落ち葉のしおり	工作	208	12
5	12月17日	ネイチャービンゴ	観察とゲーム	189	17
6	１月14日	冬の鳥マスター	観察	子ども 107	14
7	２月４日	鳥の観察とぬり絵	観察・ぬり絵	202	12
8	３月18日	動物ビンゴ	ゲーム・観察	260	11
9	４月24日	春の生き物たんけん	観察・ワークシート	300	5
10	５月18日	ダンゴムシの観察	観察・ふれる	146	18
11	６月24日	カブトムシとクワガタムシ	観察・ふれる	168	22
12	７月８日	トンボを観察しよう	観察	253	30
13	８月５日	セミ博士になろう	観察・ふれる	178	28
14	９月23日	ハスの葉シャワー	観察・体験	1000名超える	18
15	10月28日	動物ビンゴ（メダル）	ゲーム・観察	188	16
16	11月13日	しのばずクイズラリー	ゲーム・観察	156	13
17	12月23日	まつぼっくりツリー	工作	260	11
18	１月13日	おしりさがし	観察・ワークシート	220	17
19	２月３日	だれの口？何を食べるの？	観察・ワークシート	362	11
20	３月17日	くちばしクイズラリー	観察・ワークシート	373	20
21	４月14日	チョウとタンポポ	観察・ワークシート	99	13
22	５月12日	テントウムシ	観察・工作	200	20
23	５月16日	テントウムシ	観察・工作	300	18
24	７月14日	トンボとチョウ	観察・ふれる	156	11
25	８月４日	トンボとチョウ	観察・ふれる	367	22
26	９月８日	ハスシャワー	観察・工作		
27	10月13日	ジュズダマとどんぐりごま	観察・工作	156	28
28	11月10日	木の実で遊ぼう	工作・遊び	214	27
29	12月８日	カワウのうーちゃんものがたり	紙芝居・遊び	124	22
30	１月12日	カワウのうーちゃんものがたり	紙芝居・遊び	267	23
31	２月９日	カヌ博士になろう	観察・パズル	234	16
32	３月８日	中止			
			合　計	7089	505

な場をめざしている。学生は，学習院大学の教職履修学生と幼児教育に関心をもつ学生で，ゼミの一環として参加している。東京農工大学からは，教職履修

学生と自然体験学習に関心をもつ学生が参加している。小さな子どもに接するのは初めてという学生が80％を超える。来園者の生活実態もさまざまなので，年齢，生活経験，知識，居住地域など，お互いがコミュニケーションをとって初めて理解できる。学校教育とはちがって，一人ひとりの幼児・児童の既習学習がどのようなものかも対話して初めてわかるという状態である。表８－２からわかるように，子ども動物園内の動物を扱ったワークショップが７回，不忍池周辺の生物観察をテーマにしたものを24回実施してきた。実施前月に不忍池周辺の生物調査学習会を開き，観察と動物園の状況を教育担当者から聞く。動物園からの情報を得，ともに園内を散策して観察をする。そこでは，スッポンが岸に上がり産卵のための穴を掘るシーンを見たり，カワウの営巣する様子を観察したりすることができる。観察したことから，どのようなプログラムにするのか，動物園担当者と室内の配置まで相談する。詳細は各大学に戻って構想を練る。幼児，小学生，大人向けの説明プログラムを作成する。できあがったプログラムを動物園教育普及課の職員に送り，修正を加える。以下，2019年に行った事例を紹介する。

■事例：「カワウのうーちゃん物語」
上野動物園「しのばずラボ」2019年12月・2020年１月

１．概　要

不忍池のカワウを題材とし，水系鳥類について学ぶ・親しみを持つプログラム

２．目　的

日本は古くから水辺の生態系が発達しており，野鳥の種類も豊富である。しかし，都市部では日常的に水鳥を観察することは難しく，無意識に目にするのはカモやサギなど一部に限られ，子どもたちが水鳥の存在を意識することは難しくなっている。本プログラムは不忍池のカワウを題材として，参加者に水辺の生態系に親しみを持ってもらうことが目的である。

３．内　容

（ア）参加者に「カワウのうーちゃん」を主人公にした紙芝居（物語）を観てもらい，カワウという水鳥について知ってもらう。（食性や不忍池における歴史など）

（イ）生態や分布について特徴を知ってもらう。

（ウ）カワウの餌の魚とりをして楽しさを味わってもらう。
（エ）外に出て不忍池内の島にいるカワウを観察する。
４．活動内容と指導の方法案

	参加者	指導内容と留意点
入室	○案内に従い，席へ移動	「カワウの紙芝居と観察の体験プログラム」「カワウ？」という返答には「水辺の鳥」だということを簡単に伝える。
紙芝居	○グループで紙芝居を鑑賞	紙芝居の前「カワウって知ってる？」 紙芝居の後「どんな鳥を見たことがある？」
お話	紙芝居のなかで，簡単に	在来種であること，水鳥としては大型 動物園で飼育しているものではないこと 昔，数が減ったこと 季節によって餌を求めて移動 体重が他の鳥と比べて非常に重い 幼鳥と成鳥の見分け方 カワウがいる所は環境が豊かである証し，そして環境汚染の影響を受けやすい。 何でも（食べやすいものを）食べる。上野では東京湾や多摩川などで，餌をとる。 不忍池は寝床，帰る家
魚とり	○魚を磁石でつけてとる	捕れた魚はバケツの中へ。 ２匹とれたらお姉さん・お兄さんに渡す。 おみやげと交換する。
観察	●池の周囲で観察する。	カワウの位置（島）を教える。 日本は越冬のため水辺に鳥が集まることを伝える。 ・幼鳥と成鳥 ・何をしているか ・望遠鏡の扱い方（合わせてあげる）

この実践を通して，来園者からは「親子で楽しい体験ができた」「カワウのことについて何も知らなかった」「紙芝居を見て大人も勉強になった」「魚とりが楽しかった」という感想を得た。学生からは「カワウがこんな町の中にいること，えさを海まで食べに行っていることに驚いた。カワウについて少し詳しくなったと思う」「語りかけると子どもたちが真剣に答えてくれるのでうれしかった。気をつけないと子どもたちに意味がわからない言葉を使ってしまって，言い直した。言い方で子どもの反応が違うので勉強になった」「動物園があるお陰でカワウも生きていけることを知った。しかし，全国的には害獣として駆除されていることも知ることができた」「英語で紙芝居を話せて，自信が

写真8-1 「カワウのうーちゃん物語」の様子

自作の紙芝居（左上），野外で実際に観察（右上），魚とりゲーム（左下），反省会でふりかえり（右下）

ついた。とてもいい経験ができた」という感想が多かった。

終わったあとに毎回，反省会を開く。一人ひとりが自分の感想を話し，動物園担当者から客観的にみた留意点が述べられ，次の方向性を明らかにしている。このふりかえりを経験することにより，学生の教材づくりへの意識と熱意が高まっている。回を重ねるごとに工夫され，まだまだ課題もあるが，親子で楽しみながら学ぶ質の高いプログラムが展開されるようになってきた。身近な自然に目を向けることから，地域の自然の見方，学ばせ方を大学生は着実に身につけてきている。

これまでの実践から，大学生が動物園という**社会教育**の場で，身近な自然のなかから教材化していく過程において，それをどのように子どもに投げかけて，何に気づかせ，何を考えさせるのか，また，そのための教具にはどのような工夫が必要なのか，実践を通してプログラムのつくり方を身体で感じて学ぶことができた。これは，小・中・高等学校でも，動物園や水族館との連携授業をするときや身近な自然を教材化するときにも汎用性の高い実践である。そしてこの実践は，主に社会教育施設が充実する都市圏での取り組みの一事例としてとらえてほしい。

（３）学校と地域の連携の課題

コミュニティ・スクール（学校運営協議会制度）の実施数は全国の学校の42.9％で50％に満たない（2022年度調査）。その理由の１つは，学校が目の前の子どもたちの問題，いじめや不登校，学級内の人間関係などに対応するだけで日々追われていることがあげられるだろう。教員は，子どもたちの問題に丁寧に対応し，教科指導や教材研究，授業の準備，加えて事務仕事をすると一日は終わる。小学校ではそれに加えて，教室や特別教室の環境整備と休憩時間もとれないのが実情である。このような条件のもとで，学校と地域の連携を進めなければならないことが，重要な課題の１つである。

コミュニティ・スクールには，主に３つの機能がある。それは，「校長が作成する学校運営の基本方針を承認する」「学校運営について，意見を述べることができる」「教職員の任用について，意見を述べることができる」である。図８－４から，学校運営協議会にかかわるのは，校長，教員のほかにも，学校運営協議会委員，PTA 代表，地域代表（事業者，文化・スポーツ団体，社会教育施設），学識経験者などがあげられる。現在の学校の実情をふまえれば，これだけ多くの人がかかわるには，自治体の制度設計や管理職の学校運営体制の見直し，教員の職階制の再検討など，従来の体制をリニューアルすることが不可欠であろう。それが第二の課題である。

さらに，第三の課題として，**コーディネーター**の人材確保や，組織運営のための事務設備の確保があげられる。とりわけ，学校と地域を結ぶコーディネータの役割は重要で，１つの職として雇用する自治体も出てきている。文部科学省もその拡充を検討しているが，労働条件の問題からいまだ全国的な広がりにはなっていない。

学校と地域の連携では，教師が子どもの実態を分析し見極め，指導目標を立

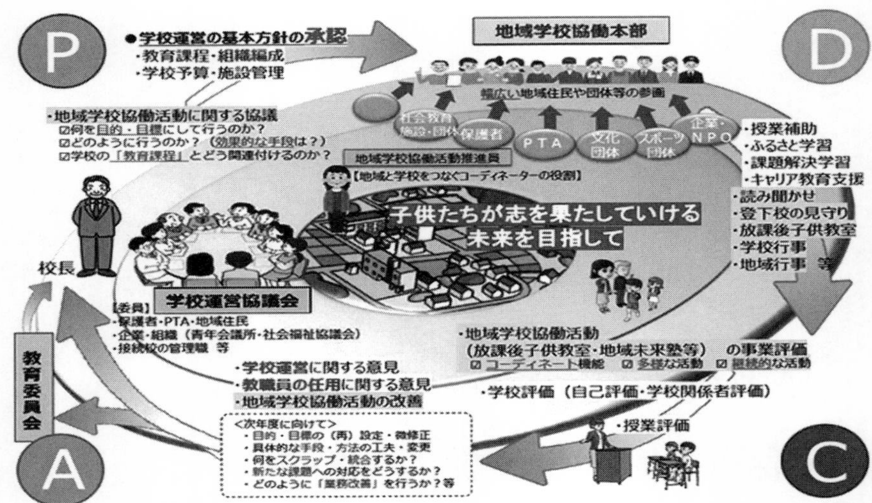

図 8 - 4　「地域とともにある学校づくり」に向けたコミュニティ・スクールと地域学校協働活動の一体的推進

出所：文部科学省 https://www.mext.go.jp/a_menu/shotou/community/suishin/detail/__icsFiles/afieldfile/2018/12/26/1411774_6_1.pdf

て，職員が一丸となって取り組むべきである。学校運営協議会の声が強くなって，学校主体であるべき活動が制限されたり，抑制されたりすることになってはならない。地域の声を聞き子どもたちのために何が必要かを協議することが重要である。

第 4 節　持続可能な地域づくりにおける「総合」の意義

長野県では，これまで築き上げてきた学校と地域が連携して子どもを育てる取り組みを土台として，新たに地域住民が「学校運営参画・学校支援・学校評価」を一体的・持続的に実施していく仕組みを「信州型コミュニティ・スクール」（信州型 CS）として整え，学校と地域住民の協働による地域に開かれた信頼される学校づくりを進めている。土台である地域と学校が一体となって小・中学校が連携して一貫した教育を進める教育の歴史は，すでに50年を超えている。飯田市では，2011年から 9 つの中学校ごとに「**小中連携・一貫教育**」を導入し，2016年度末には市内のすべての小・中学校28校に「飯田コミュニティ・スクール」を立ち上げた。「飯田市学校運営協議会規則」(2016年12月14日，教委規則２号）には，地方教育行政の組織及び運営に関する法律（地教行法）第47条の６に規定する学校運営協議会（第１条）をおく学校の名称を，「飯田コミュニティ・スクール」とすると定めている（第３条の３)。

「総合」を実践するためには，学校の枠を超えた自治体の教育政策そのものが**持続可能な地域づくり**を強く指向するものでなければならない。長野県飯田市は，こうした地域教育のあり方を積極的に模索してきた自治体である。そのなかで「**地育力**（ちいくりょく）」を「飯田の資源を活かして，飯田の価値と独自性に自信と誇りを持つ人を育む力」と定義し，飯田市内の高校の**地域人教育**や高大連携事業による探求の時間の基盤づくりとして学輪 IIDA の共通カリキュラムが進められている。その１つが，「遠山郷エコジオパークフィールドスタディ」(以下，フィールドスタディ）の実践である（表８-４)。

この活動を企画・運営しているのは飯田市役所である。同市に大学はないが，全国65の大学と多様に連携し協働的な教育活動を進めている。それが学輪 IIDA である。このフィールドスタディは飯田市内の高校生と３大学の学生が２泊３日で飯田市の遠山郷を学びの場としてフィールドワークをする。具体的

表８-４　遠山郷エコジオパークフィールドスタディの概要

日程	テーマ	参加形態
１日目	主旨説明・オリエンテーション	高校生と大学生一同
	１．フィールドワーク	全体で学び
	２．エコパーク・ジオパーク講義	全体で学び
	３．翌日のフィールドワーク事前学習	グループ毎に
	４．夕食後地元の方の話	グループ毎に
２日目	５．ワークショップ事前準備	グループ毎に
	６．グループ毎にフィールドワーク	グループ毎に
	７．発表会準備	グループ毎に
３日目	８．振り返り・ポスター発表発表	全体・地域の方
	９．総括・閉会	全体・地域の方

には，高校生と大学生が１つのグループとなって遠山郷を調査し，その歴史や文化・自然について，テーマごとにまとめ発表する。そこでは，インタビューを通して地元の人々とふれあう場があり，最終日の発表会にはフィードバックをもらう。これらの活動を通して，人の心の奥を知り，思いに共感し，遠山郷のすばらしさや課題を再発見する。地域と他市の大学，地元の高校がともに活動するなかで，高校生も大学生もともに成長していく。

このような活動は，学校単位で実施することはむずかしいが，飯田市では複数の大学と高校から代表が出て，企画・運営を市職員と協力して行う体制を敷いている。高校生の視点からは，このフィールドスタディが，地域を学びの場とした「総合」と同じ意義をもっているのである。学校と地域が連携するとき，各学校がそれぞれ独自性をもちながら市や区全体としてのまとまった地域のなかで協力体制をつくり，各種の社会教育施設とつながり合って実践することの有効性と可能性が今後も広がることが予想される。「総合」は，時間の配分やテーマの設定など，地域と学校の実情に合わせたカリキュラムを最も作成しやすい教科である。これらの１つひとつの実践からSDGsの17の目標を達成するための教育へとつながる道が開けてくるであろう。

持続可能な地域づくりのために，これらの事例からいえることは何か。現在の学校の枠組みのなかで，一人ひとりの教師が地域住民や地域にあるほかの学校（小・中・高等学校・大学），施設・機関の人々と知恵と力を合わせて，子どもたちを「地域のみんなで育てていく」という意識をもつことである。もちろん，その基盤は学級経営である。学級経営では教師は自分らしく，自分の個性を表現して自分の得意なことも欠点も子どもたちに伝え，ともに学び，成長していこうとする姿勢をもつこと，「自分はここは得意だけれど，こういうことは苦手である」ことを話すというように。自分を表現し，子どもたちと対話することを繰り返すと子どもたちとの信頼関係が生まれる。学級の誰もがよいところと欠点をもっている。互いに助け合い，よいところをさらに伸ばしていくところが学校である。そして，その自分を活かす場が地域であり，社会であり，それは世界の国々とつながり，生きているものすべてがつながり合っていることを体感する学習が「総合」ではないだろうか。

学校のなかでだけ教育を考えるのではなく，教師自身も地域の人々の声に耳を傾け，進んで地域を歩き，行事に参加し，文化や自然・歴史を知ること，その地域の魅力を知り，子どもたちと同じ時間を過ごす。子どもは未来の大人である。教育者という道を選んだものだけが知る喜びもここにある。

演習問題

① 社会とは何か，具体的な例をあげて話し合ってみよう。
② コミュニティ・スクールを子どもたちのために活かすにはどのようにすればよいか考えてみよう。
③ 地域と学校の連携を図るときに，自分だったらどの施設と連携し，どのような内容で実践したいか，カリキュラムを作成してみよう。

引用・参考文献

荒木昭次郎『参加と協働―新しい市民＝行政関係の創造』ぎょうせい，1990年
小玉敏也「第１章 学校」岩本泰・小玉敏也・降旗信一編著『教職概論』学文社，2019年
丹間康仁『学習と協働―学校統廃合をめぐる住民・行政関係の過程』東洋館出版社，2015年
田中治彦・枝廣淳子・久保田崇編著『SDGs とまちづくり』学文社，2019年
田中治彦・奈須正裕・藤原孝章編著『SDGs カリキュラムの創造』学文社，2019年
中央教育審議会「幼稚園，小学校，中学校，高等学校及び特別支援学校の学習指導要領等の改善及び必要な方策等について（答申）」２章，2016年12月21日
寺本義也・中西晶『知識社会構築と人材革新：主体形成』日科技連出版社，2000年
東京大学大学院教育学研究科附属海洋教育センター・日置光久・及川幸彦・川上真哉編著『海洋教育指導資料学校における海の学びガイドブック小・中学校編』大日本図書，2019年
水山光春「社会に開かれた教育課程」日本環境教育学会・日本国際理解教育学会・日本社会教育学会・日本学校教育学会・SDGs 市民社会ネットワークグローバル・コンパクト・ネットワーク・ジャパン編『事典 持続可能な社会と教育』教育出版，2019年，158-159頁

コラム　アクティブ・ラーニングという束縛

学習方法の救世主のように今やどこへ行ってもアクティブ・ラーニングが叫ばれるが，本当にアクティブ・ラーニングで生きる力が身につくのだろうか。

確かに講義一辺倒だった大学の授業は，今，学生の声が聞こえるようになり，学生同士のディスカッションもみられるようになってきた。

講義型授業とアクティブ・ラーニング型授業への取り組み方が学習効果に及ぼす影響は，必ずしも効果的という結果ではない。

アクティブ・ラーニング型授業を展開するためには，児童・生徒・学生がお互いを尊重し合い，信頼関係が築かれていなければならない。お互いの個性も理解しあう学級経営が基本的に成立していないとただの押しつけになってしまう。とくに思春期の生徒には計画的に丁寧な指導が必要である。静かに読書したい子もいるのである。

大阪のある高校の話である。「アクティブ・ラーニング型授業をするようになったら不登校が増えた」という。教員はその実践がすばらしいと思ったとき，すぐにでも自分の実践に取り入れようとチャレンジする。

しかし，公開授業の担任も児童や生徒もその授業に向けて長期間の学習訓練をしているはずである。発言の仕方，グループのつくり方，発問に対する答え方，ディスカッションのルール，思考の仕方など，訓練の賜である。今日から急に「アクティブ・ラーニングするぞ！」と言っても，ついて来る子は３分の１程度である。どうしてもなじめないで，冷ややかに隅に居る子もいるのである。それが続くと教室に居づらくなってしまう。そして，自分の存在が認められないと思うと登校できなくなる。

アクティブ・ラーニング型授業を否定しているのではない。社交的で物怖じしない子には活躍の場である。そんな友だちを見て「自分もよりよく」と，向上心をかき立てる子もいるだろう。

大切なのは教師の教材分析と子どもたちへの姿勢である。本来の「主体的，対話的で深い学び」という目標を達成するために，教材にどう児童生徒・学生を取り組ませるのか，何を活動させ，何を考えさせるのか，そのための方法はこのクラスではどう展開するのか，一人ひとりの力の発揮場所を想定する。誰一人取り残さずに主役になる場面を１回はつくる。寄り添い，励まし，自信を持たせる。児童生徒・学生をよく観察することである。

教師のその姿勢は子どもたちにも必ず伝わる。自分の考えが認められたとき，理解してもらえたとき，子どもたちは変わり，さらに伸びる。教師の仕事は一人ひとりの子どもを伸ばす場を見つけることかもしれない。これは就学前の段階から大人になった大学生でも同じである。そして，「子どもたちもお互いのよさを見つけ合うようになり，学級が居心地よくなる」「安心して居ることのできる学級」「学生が楽しみに出席する授業」「安心してディスカッションのできる教室」をつくること，教師という仕事のやりがいはそこにある。

社会が変化して予測がしにくい時代に向けて，学び方にばかり注目されているが，身につけなければならない知識・技能・思考力，そして，育む豊かな心を忘れてはいけない。教師一人ひとりが絶えずふりかえり，原点に立ち返り，子どもたちに向かい合うことを続けてほしいと願う。

巻末資料

▓2017年版中学校学習指導要領（抄）

第1章　総則

第1　中学校教育の基本と教育課程の役割

1　各学校においては，教育基本法及び学校教育法その他の法令並びにこの章以下に示すところに従い，生徒の人間として調和のとれた育成を目指し，生徒の心身の発達の段階や特性及び学校や地域の実態を十分考慮して，適切な教育課程を編成するものとし，これらに掲げる目標を達成するよう教育を行うものとする。

2　学校の教育活動を進めるに当たっては，各学校において，第3の1に示す主体的・対話的で深い学びの実現に向けた授業改善を通して，創意工夫を生かした特色ある教育活動を展開する中で，次の(1)から(3)までに掲げる事項の実現を図り，生徒に生きる力を育むことを目指すものとする。

(1)　基礎的・基本的な知識及び技能を確実に習得させ，これらを活用して課題を解決するために必要な思考力，判断力，表現力等を育むとともに，主体的に学習に取り組む態度を養い，個性を生かし多様な人々との協働を促す教育の充実に努めること。その際，生徒の発達の段階を考慮して，生徒の言語活動など，学習の基盤をつくる活動を充実するとともに，家庭との連携を図りながら，生徒の学習習慣が確立するよう配慮すること。

(2)　道徳教育や体験活動，多様な表現や鑑賞の活動等を通して，豊かな心や創造性の涵（かん）養を目指した教育の充実に努めること。

学校における道徳教育は，特別の教科である道徳（以下「道徳科」という。）を要として学校の教育活動全体を通じて行うものであり，道徳科はもとより，各教科，総合的な学習の時間及び特別活動のそれぞれの特質に応じて，生徒の発達の段階を考慮して，適切な指導を行うこと。道徳教育は，教育基本法及び学校教育法に定められた教育の根本精神に基づき，人間としての生き方を考え，主体的な判断の下に行動し，自立した人間として他者と共によりよく生きるための基盤となる道徳性を養うことを目標とすること。道徳教育を進めるに当たっては，人間尊重の精神と生命に対する畏敬の念を家庭，学校，その他社会における具体的な生活の中に生かし，豊かな心をもち，伝統と文化を尊重し，それらを育んできた我が国と郷土を愛し，個性豊かな文化の創造を図るとともに，平和で民主的な国家及び社会の形成者として，公共の精神を尊び，社会及び国家の発展に努め，他国を尊重し，国際社会の平和と発展や環境の保全に貢献し未来を拓（ひら）く主体性のある日本人の育成に資することとなるよう特に留意すること。

(3)　学校における体育・健康に関する指導を，生徒の発達の段階を考慮して，学校の教育活動全体を通じて適切に行うことにより，健康で安全な生活と豊かなスポーツライフの実現を目指した教育の充実に努めること。特に，学校における食育の推進並びに体力の向上に関する指導，安全に関する指導及び心身の健康の保持増進に関する指導については，保健体育科，技術・家庭科及び特別活動の時間はもとより，各教科，道徳科及び総合的な学習の時間などにおいてもそれぞれの特質に応じて適切に行うよう努めること。また，それらの指導を通して，家庭や地域社会との連携を図りながら，日常生活において適切な体育・健康に関する活動の実践を促し，生涯を通じて健康・安全で活力ある生活を送るための基礎が培われるよう配慮すること。

3　2の(1)から(3)までに掲げる事項の実現を図り，豊かな創造性を備え持続可能な社会の創り手となることが期待される生徒に，生きる力を育むことを目指すに当たっては，学校教育全体並びに各教科，道徳科，総合的な学習の時間及び特別活動（以下「各教科等」という。ただし，第2の3の(2)のア及びウにおいて，特別活動については学級活動（学校給食に係るものを除く。）に限る。）の指導を通してどのような資質・能力の育成を目指すのかを明確にしながら，教育活動の充実を図るものとする。その際，生徒の発達の段階や特性等を踏まえつつ，次に掲げることが偏りなく実現できるようにするものとする。

(1)　知識及び技能が習得されるようにすること。

(2)　思考力，判断力，表現力等を育成すること。

(3) 学びに向かう力，人間性等を涵養すること。

4 各学校においては，生徒や学校，地域の実態を適切に把握し，教育の目的や目標の実現に必要な教育の内容等を教科等横断的な視点で組み立てていくこと，教育課程の実施状況を評価してその改善を図っていくこと，教育課程の実施に必要な人的又は物的な体制を確保するとともにその改善を図っていくことなどを通して，教育課程に基づき組織的かつ計画的に各学校の教育活動の質の向上を図っていくこと（以下「カリキュラム・マネジメント」という。）に努めるものとする。

第4章 総合的な学習の時間

第1 目標

探究的な見方・考え方を働かせ，横断的・総合的な学習を行うことを通して，よりよく課題を解決し，自己の生き方を考えていくための資質・能力を次のとおり育成することを目指す。

(1) 探究的な学習の過程において，課題の解決に必要な知識及び技能を身に付け，課題に関わる概念を形成し，探究的な学習のよさを理解するようにする。

(2) 実社会や実生活の中から問いを見いだし，自分で課題を立て，情報を集め，整理・分析して，まとめ・表現することができるようにする。

(3) 探究的な学習に主体的・協働的に取り組むとともに，互いのよさを生かしながら，積極的に社会に参画しようとする態度を養う。

第2 各学校において定める目標及び内容

1 目標

各学校においては，第1の目標を踏まえ，各学校の総合的な学習の時間の目標を定める。

2 内容

各学校においては，第1の目標を踏まえ，各学校の総合的な学習の時間の内容を定める。

3 各学校において定める目標及び内容の取扱い

各学校において定める目標及び内容の設定に当たっては，次の事項に配慮するものとする。

(1) 各学校において定める目標については，各学校における教育目標を踏まえ，総合的な学習の時間を通して育成を目指す資質・能力を示すこと。

(2) 各学校において定める目標及び内容については，他教科等の目標及び内容との違いに留意しつつ，他教科等で育成を目指す資質・能力との関連を重視すること。

(3) 各学校において定める目標及び内容については，日常生活や社会との関わりを重視すること。

(4) 各学校において定める内容については，目標を実現するにふさわしい探究課題，探究課題の解決を通して育成を目指す具体的な資質・能力を示すこと。

(5) 目標を実現するにふさわしい探究課題については，学校の実態に応じて，例えば，国際理解，情報，環境，福祉・健康などの現代的な諸課題に対応する横断的・総合的な課題，地域や学校の特色に応じた課題，生徒の興味・関心に基づく課題，職業や自己の将来に関する課題などを踏まえて設定すること。

(6) 探究課題の解決を通して育成を目指す具体的な資質・能力については，次の事項に配慮すること。

ア 知識及び技能については，他教科等及び総合的な学習の時間で習得する知識及び技能が相互に関連付けられ，社会の中で生きて働くものとして形成されるようにすること。

イ 思考力，判断力，表現力等については，課題の設定，情報の収集，整理・分析，まとめ・表現などの探究的な学習の過程において発揮され，未知の状況において活用できるものとして身に付けられるようにすること。

ウ 学びに向かう力，人間性等については，自分自身に関すること及び他者や社会との関わりに関することの両方の視点を踏まえること。

(7) 目標を実現するにふさわしい探究課題及び探究課題の解決を通して育成を目指す具体的な資質・能力については，教科等を越えた全ての学習の基盤となる資質・能力が育まれ，活用されるものとなるよう配慮すること。

第3 指導計画の作成と内容の取扱い

1 指導計画の作成に当たっては，次の事項に配慮するものとする。

(1) 年間や，単元など内容や時間のまとまりを見通して，その中で育む資質・能力の育成に向けて，生徒の主体的・対話的で深い学びの実現を図るようにすること。その際，生徒や学校，地域の実態等に応じて，生徒が探究的な見方・考え方を働かせ，教科等の枠を超えた横断的・総合的な学習や生徒の興味・関心等に基づく学習を行うなど創意工夫を生かした教育活動の充実を図ること。

(2) 全体計画及び年間指導計画の作成に当たっ

ては，学校における全教育活動との関連の下に，目標及び内容，学習活動，指導方法や指導体制，学習の評価の計画などを示すこと。その際，小学校における総合的な学習の時間の取組を踏まえること。

(3) 他教科等及び総合的な学習の時間で身に付けた資質・能力を相互に関連付け，学習や生活において生かし，それらが総合的に働くようにすること。その際，言語能力，情報活用能力など全ての学習の基盤となる資質・能力を重視すること。

(4) 他教科等の目標及び内容との違いに留意しつつ，第１の目標並びに第２の各学校において定める目標及び内容を踏まえた適切な学習活動を行うこと。

(5) 各学校における総合的な学習の時間の名称については，各学校において適切に定めること。

(6) 障害のある生徒などについては，学習活動を行う場合に生じる困難さに応じた指導内容や指導方法の工夫を計画的，組織的に行うこと。

(7) 第１章総則の第１の２の(2)に示す道徳教育の目標に基づき，道徳科などとの関連を考慮しながら，第３章特別の教科道徳の第２に示す内容について，総合的な学習の時間の特質に応じて適切な指導をすること。

2　第２の内容の取扱いについては，次の事項に配慮するものとする。

(1) 第２の各学校において定める目標及び内容に基づき，生徒の学習状況に応じて教師が適切な指導を行うこと。

(2) 探究的な学習の過程においては，他者と協働して課題を解決しようとする学習活動や，言語により分析し，まとめたり表現したりするなどの学習活動が行われるようにすること。その際，例えば，比較する，分類する，関連付けるなどの考えるための技法が活用されるようにすること。

(3) 探究的な学習の過程においては，コンピュータや情報通信ネットワークなどを適切かつ効果的に活用して，情報を収集・整理・発信するなどの学習活動が行われるよう工夫すること。その際，情報や情報手段を主体的に選択し活用できるよう配慮すること。

(4) 自然体験や職場体験活動，ボランティア活動などの社会体験，ものづくり，生産活動などの体験活動，観察・実験，見学や調査，発表や討論などの学習活動を積極的に取り入れること。

(5) 体験活動については，第１の目標並びに第２の各学校において定める目標及び内容を踏まえ，探究的な学習の過程に適切に位置付けること。

(6) グループ学習や異年齢集団による学習などの多様な学習形態，地域の人々の協力も得つつ，全教師が一体となって指導に当たるなどの指導体制について工夫を行うこと。

(7) 学校図書館の活用，他の学校との連携，公民館，図書館，博物館等の社会教育施設や社会教育関係団体等の各種団体との連携，地域の教材や学習環境の積極的な活用などの工夫を行うこと。

(8) 職業や自己の将来に関する学習を行う際には，探究的な学習に取り組むことを通して，自己を理解し，将来の生き方を考えるなどの学習活動が行われるようにすること。

■持続可能な開発のための教育（ESD）に関するグローバル・アクション・プログラム（抄）

（文部科学省・環境省仮訳：https://www.mext.go.jp/unesco/004/1345280.htm）

序　論

1．持続可能な開発は政治的な合意，金銭的誘因，又は技術的解決策だけでは達成できない。持続可能な開発のためには我々の思考と行動の変革が必要である。教育はこの変革を実現する重要な役割を担っている。そのため，全てのレベルの行動によって持続可能な開発のための教育（ESD）の可能性を最大限に引き出し，万人に対する持続可能な開発の学習の機会を増やすことが必要である。持続可能な開発のための教育に関するグローバル・アクション・プログラムは，この行動を生み出すためのものである。本文書は，グローバル・アクション・プログラムの枠組みを示すものである。

2．教育は，長年にわたり持続可能な開発において重要な役割を担っていると認識されてきた。教育の向上及び再方向付けは，1992年にリオデジャネイロ（ブラジル）で開催された国連環境開発会議にて採択されたアジェンダ21の目標の一つであり，その第36章では「教育，意識啓発及び訓練の推進」について示している。持続可能な開発へ向けた教育の再方向付けは，2002年のヨハネスブルグ（南アフリカ共和国）の持続可能な開発に関する世界首脳会議の後に宣言された国連持続可能な開発のための教育の10年（DESD・2005～2014年）の下，多くの取組の焦点となった。さらに教育は国連気候変動枠組条約（1992年）及び生物多様性条約（1992年），国連砂漠化対処条約（1994年）という，重要ないわゆるリオ3条約の要素である。

3．2012年にリオデジャネイロ（ブラジル）で行われた国連持続可能な開発会議（リオ＋20）の成果文書である「我々が望む未来（The Future We Want）」において，加盟国は，「ESDを促進すること及びDESD以降も持続可能な開発をより積極的に教育に統合していくことを決意すること」に合意した。ESDに関するグローバル・アクション・プログラムはこの合意に応え，DESDのフォローアップを実施するものである。本件プログラムは，様々なステークホルダーとの協議及びインプットを基に作成されている。これは，DESDのフォローアップであると同時に具体的かつ明確なポスト2015年アジェンダへの貢献となるものである。

4．DESDは，これまでESDの認識向上に成功し，世界中のステークホルダーを動員し，国際協力の基盤を作り，政策に影響を与えて国レベルのステークホルダーの連携に貢献し，教育及び学習の全ての分野において多くの具体的な優良事例となるプロジェクトを生み出してきた。同時に，多くの課題も残されており，それはESDの成功事例の多くは限られた時間枠と予算の範囲内で運用されているに過ぎない，ESDの政策と実践が適切にリンクしていない，教育及び持続可能な開発のアジェンダの主流にESDが盛り込まれていないといったものである。さらに，持続可能な開発の課題はDESDの開始から更に緊急性を帯びてきており，グローバル・シチズンシップの促進の必要性等の新たな懸念が表面化してきている。したがって，ESDの行動の拡大が必要とされている。

原　則

5．グローバル・アクション・プログラムは，ESDの政策及び実践を網羅している。このグローバル・アクション・プログラムの文脈において，ESDは以下の原則に従うものとして理解されている。

(a)　ESDは，現在と将来世代のために，持続可能な開発に貢献し，環境保全及び経済的妥当性，公正な社会についての情報に基づいた決定及び責任ある行動を取るための知識，技能，価値観及び態度を万人が得ることを可能にする。

(b)　ESDは，持続可能な開発の重要な問題が教育及び学習に含まれることを伴い，学習者が持続可能な開発の行動へと駆られるような，革新的な参加型教育及び学習の方法を必要とする。ESDは批判的思考，複雑なシステムの理解，未来の状況を想像する力及び参加・協働型の意思決定等の技能を向上させる。

(c)　ESDは，権利に基づく教育アプローチを土台としている。これは，質の高い教育及び学習の提供に関係して意義のあることである。

(d)　ESDは，社会を持続可能な開発へと再方向付けするための変革的な教育である。これは，教育及び学習の再構成と同様，最終的には教育システム及び構造の再方向付けを必要とする。ESDは教育及び学習の中核に関連しており，既存の教育実践の追加的なものと考えられるべきではない。

(e)　ESDは，統合的で均衡の取れた全体的な方法で，持続可能な開発の環境，社会，経済の柱となるものに関連している。また，同様に，リオ＋20の成果的文書に含まれる持続可能な開発の包括的なアジェンダにも関連しており，中でも貧困削減，気候変動，防災，生物多様性及び持続可能な消費と生産の相関的な問題を含んでいる。ESDは地域の特性に対応し文化多様性を尊重している。

(f)　ESDは，フォーマル，ノンフォーマル，インフォーマルな教育，そして幼児から高齢者までの生涯学習を網羅している。したがって，持続可能な開発に向けた広範囲な取組の研修及び普及啓発活動も含む。

(g)　このグローバル・アクション・プログラムで使用されるESDという言葉は，その活動自体がESDという言葉を使用しているかどうか，若しくはその歴史及び文化的背景や環境教育，持続可能性の教育，グローバル教育，発展教育等の特定の優先的な分野にかかわらず，上記の原則に沿った全ての活動を含むものである。

目標（ゴール）と目的

6．グローバル・アクション・プログラムの全体的な目標（ゴール）は，持続可能な開発に向けた進展を加速するために，教育及び学習の全てのレベルと分野で行動を起こし拡大していくことである。このゴールは，さらに，教育セクターに直接関係する目的と，セクターを越えた目的の二つの下位目的がある。

(a)　全ての人が，持続可能な開発に貢献するための，知識，技能，価値観，態度を習得する機会を得るため，教育及び学習を再方向付けすること。

(b) 持続可能な開発を促進する全ての関連アジェンダ，プログラム及び活動において，教育及び学習の役割を強化すること。

優先行動分野

7．グローバル・アクション・プログラムは，戦略的な焦点及びステークホルダーのコミットメントを可能にするために，五つの優先行動分野に焦点を当てている。DESD の成功及び課題，「未完の事業」に基づいたこの行動分野は，ESD アジェンダの促進のための重要なポイントであると考えられる。教育と持続可能な開発の全てのレベル及び分野における ESD の行動が奨励されているが，このグローバル・アクション・プログラムに基づく行動は，特に下記の分野と戦略目標に焦点を当てている。

政策的支援（ESD に対する政策的支援）

8．ESD を教育と持続可能な開発に関する国際及び国内政策へ反映させる。フォーマル，ノンフォーマル，インフォーマルな教育及び学習において，持続可能な開発のための教育及び学習を引き出し，ESD のアクションをスケールアップするためには，それを可能にするような政治環境が重要である。適切で一貫性のある政策は，参加型のプロセスに基づき，省庁間及び部門間で協調し，市民社会，民間セクター，学術界及び地域コミュニティと連携しながら作成されるべきである。政治環境を整えることは，実施と適切にリンクしていなければならず，特に次のことが必要である。

(a) 教育分野の全て若しくは一部を定める教育政策に ESD を計画的に取り入れること。これは，カリキュラム及び国家的な基準，学習結果の基準を設定する指標となる枠組み等に ESD を導入することを含む。また，ESD を国際教育アジェンダの重要な要素として取り入れることも含む。

(b) 持続可能な開発の重要な課題に関する政策に ESD を計画的に取り入れること。これは，リオ３条約がコミュニケーション，教育，研修，意識啓発を重要な役割とみなしているのに則して，３条約に関連する国内の政策に教育及び学習の役割を反映させること等を含む。また，ESD を持続可能な開発に関する国際的なアジェンダに取り入れることも含む。

(c) ESD は二国間及び多国間の開発協力枠組みの分類要素である。

機関包括型アプローチ（ESD への包括的取組）

9．全てのレベル（at all levels）と場（in all settings）において ESD の機関包括型アプローチを促進する。機関包括型アプローチあるいは組織全体でのアプローチは，教授内容や方法論の再方向付けだけではなく，コミュニティにおける機関と持続可能な開発のステークホルダーとの協力と同様，持続可能な開発に則したキャンパスや施設管理においても求められるものである。これに関しては，高等教育及び中等教育学校で著しい成果が見られる。このような成果を就学前教育，技術・職業教育，ユース・成人に対する教育・訓練及びノンフォーマル教育等の他のレベル及び種別の教育にも拡大し，強化する必要がある。機関包括型アプローチの促進のためには，特に次のことが必要である。

(a) 組織全体でのプロセスが，リーダー，教員，学習者，管理者等の全てのステークホルダーが協働して機関全体で ESD を実施するためのビジョンと計画を作り上げることを可能にする方法で編成されること。

(b) 再方向付けを支援するため，機関に対して技術的支援及び可能で適切な範囲の財政支援を行うこと。これは，関連する研究と同様，関連する優良事例やリーダーシップ及び行政に対する研修，ガイドラインの開発等を含む。

(c) 既存の関連機関同士のネットワークが，機関包括型アプローチに関するピア・ラーニングのような相互支援を容易にし，適応のモデルとして機関包括型アプローチを推進しその認知度を高めるために動員され促進される。

教育者（ESD を実践する教育者の育成）

10. ESD のための学習のファシリテーターとなるよう，教育者，トレーナー，その他の変革を進める人の能力を強化する。教育者は，教育変革を促し，持続可能な開発を学ぶ手助けするために最も重要な「てこ」の一つである。そのため，持続可能な開発及び適切な教育及び学習の方法に関する問題について，トレーナーやその他の変革を進める人と同様，教育者の能力を強化することが急務である。特に次のことが必要である。

(a) ノンフォーマル及びインフォーマルな教育の教員及びファシリテーターと同様，就学前教育・初等中等教育の教員養成及び現職教員研修に ESD を取り入れること。ESD を特定の教科分野に盛り込むことから始めたとしても，最終的にはESDが分野横断的な項目として統合されることにつながる。学校長に対するESDの研修も含まれる。

(b) 職業技術教育訓練の教員養成及び現職教員研修にESDを取り入れること。これは，グリーン・ジョブのための技能と同様，持続可能な消費と生産の方法に関する能力の強化を含む。

(c) 持続可能性の問題を教え，解決指向型の多分野にわたる研究を指導・監督し，ESD及び持続可能な開発に関する政策立案の知識を与えるための能力向上のため，ESDを高等教育機関の学部教授陣の研修に取り入れること。

(d) 例えば資源の効率化及び社会的責任や企業責任等の持続可能な開発の観点が，大学院教育及び政策決定者，公共セクターの職員，ビジネスセクターの社員，メディアと開発の専門家，その他の持続可能な開発に関する分野別及びテーマ別専門家の能力の構築・研修の強化された方法に取り入れられること。これは，民間企業の社員にESDの社内教育プログラムを実施するのと同様，ESDプログラムのトレーナー研修や管理職教育にESDを導入すること等を含む。

ユース（ESDへの若者の参加の支援）

11. ESDを通じて持続可能な開発のための変革を進める人としての役割を担うユースを支援する。ユースは，彼ら自身及びこれからの世代のためによりよい将来を形作ることに，深く関係している。さらにユースは，今日，特にノンフォーマルとインフォーマル学習で，ますます教育プロセスの推進者となっている。ESDを通じて変革を進める人としての役割を担うユースを支援するためには，特に次のことが必要である。

(a) 学習者中心のノンフォーマル及びインフォーマルなユース向けのESDの学習の機会を充実させること。これは，ESDのeラーニング及びモバイルラーニングの機会の発展と充実等を含む。

(b) 地球規模，国内，地域の持続可能な開発のプロセスにおいて，変革を進める人としてユースが行動するための参加型技能が，フォーマル及びノンフォーマルなESD及びESD以外の教育プログラムの明確な焦点となること。

地域コミュニティ（ESDへの地域コミュニティの参加の促進）

12. ESDを通じた地域レベルでの持続可能な開発の解決策の探求を加速すること。持続可能な開発の効率的・革新的解決策は，しばしば地域レベルで開発されている。例えば，地方自治体，NGO，民間セクター，メディア，教育と研究機関，個々の市民の間でのマルチステークホルダーの対話と協力は重要な役割である。ESDはマルチステークホルダーの学習とコミュニティの関与を支援し，地域と海外をつなげる。持続可能な開発の教育及び学習を最大限に活用するためには，地域レベルの行動促進が必要である。このためには特に次のことが必要である。

(a) マルチステークホルダーの持続可能な開発の学習を容易にする地域のネットワークは，開発，改善，強化されること。これは，既存のネットワークの多様化及び拡大により，先住民のコミュニティを含む新たなより多様なステークホルダーの参加等を含む。

(b) 地方機関や地方自治体は，持続可能な開発の学習の機会を設ける役割を強めること。これは，コミュニティ全員に対する持続可能な開発のノンフォーマル及びインフォーマルな学習の機会の提供と支援と同様に，必要に応じて，地域レベルでESDを学校教育に取り入れる支援等を含む。

（以下，13.～19. 省略）

あとがき

本書は，「SDGsと学校教育」シリーズ『教職概論―「包容的で質の高い教育」のために―』（学文社）の続編として刊行された。『教職概論』では，教職の意義をとくにSDGsの達成をめざすESDとしてとらえ直し，これから教員をめざす学生やすでに教職に就いている先生方と考えたい内容を編纂した。すなわち，これからの持続可能な社会の担い手育成における教職の理論的視座を示すことをめざして刊行したので，本書とともに読んでいただけるとうれしい。

そのいっぽうで，本書『総合的な学習／探究の時間』には，SDGsの学びの機会創出，問題解決学習から持続可能な世界に向けての参加・行動を促すという観点で，きわめて重要な意味があると考えている。まさに，“「変革を促す教育：transformative education」は「総合」で実践するという教育潮流をつくり出したい”との執筆者の熱い思いが込められているのである。

しかしながら残念なことに，すでに教職に就いている教員から「総合」の学びづくりは苦手で負担が大きいという正直な気持ちを聞くことがある。現実問題として教育現場が直面する実状は，学びづくりにかける時間的・精神的余裕がないという本質的な問題があることも事実である。ただ，その気持ちが学びづくりに誠実に向き合う苦悩から出てきている言葉なのか，単に仕事が増えて面倒だという気持ちから出てきているのかで，まったく意味合いが異なる。子どもたちには，日常の立ち振る舞いから教員の本心を見抜く力があると思う。学びづくりに誠実に取り組む教員には，苦心する姿に共感し，「深い」学びの輪に参加する雰囲気ができる。いっぽうで，学びづくりに真剣でなく面倒だと思う教員には，子どもたちもその場かぎりを取り繕う「浅い」学びに終始する。

SDGsのように地球規模の諸課題や横断的な地域課題を教育の内容とするとき，教員は正答を教授する存在ではなく，学びのリーダーとしてどこがむずかしいかを示したり，わからないことをあえてさらけ出したりしたりすることを心がけてはどうだろうか。それが，「ともに学ぶ」ために必要な第一歩である。また，調べる・比較する・データを示す・まとめる・発信するなど，わからないことを明らかにする「探究」のプロセスに，学ぶことのおもしろさを「楽しんで」ほしい。おそらく，本書の第４～７章の教育実践・SDGs 事例執筆者は，「探究」による学びの先駆者だと考える。それぞれの執筆者がどのような問題意識で学びへの「問い」をもっているのか，推察しながら読むのも楽しいだろう。

2020年は，新型コロナウィルスの蔓延により，世界中が大混乱となった。おそらく，今後の世界史に深く刻まれることになるだろう。残念ながら，各執筆者が執筆を終えたあとに拡大したため，本書の内容としては直接的にふれていない。ただ，SDGs のゴール３「健康と福祉」（とくに3.3 感染症対処）を達成する観点で，一定の示唆があると思う。さらに，健康・福祉・保健・衛生分野には，衣食住や経済的格差など，多くの問題とのつながりがある。つまり，問題構造のつながり・ひろがり・かかわりを総合的・横断的に想像し，持続可能な未来を創造するエンパワーメント（empowerment：人がもっている能力や可能性を引き出すこと）が求められることを意識してほしい。

本書の刊行に向けて，各執筆者には本書の理念を確認・共有するために，編者の中心メンバーである小玉敏也さんの呼びかけで，麻布大学にて勉強会を複数回開催した。また刊行に向けて，学文社の二村和樹さんには，繰り返し多くの助言をいただいた。本書の完成にご尽力いただいた多くの皆さんに，この場を借りて厚くお礼を申し上げたい。

編者　岩本　泰

索　引

た行

な行

[編　著]

小玉 敏也（こだま としや）
麻布大学生命・環境科学部教授

金馬 国晴（きんま くにはる）
横浜国立大学教育学部教授

岩本　泰（いわもと ゆたか）
東海大学教養学部教授

SDGsと学校教育シリーズ
総合的な学習／探究の時間
—持続可能な未来の創造と探究—

2020年9月1日　第1版第1刷発行
2023年8月30日　第1版第4刷発行

編著　小玉敏也
金馬国晴
岩本　泰

発行者　田 中 千 津 子　〒153-0064　東京都目黒区下目黒3-6-1
電話　03（3715）1501（代）
FAX　03（3715）2012
発行所　株式会社 学　文　社　http://www.gakubunsha.com

印刷　亜細亜印刷

ISBN 978-4-7620-3010-9